U1000091

古代文史名著选译丛书

主编　章培恒　安平秋　马樟根

墨子选译

修订版

译注　刘继华
审阅　董治安

凤凰出版传媒集团　凤凰出版社

图书在版编目（CIP）数据

墨子选译 / 刘继华译注. -- 南京 ： 凤凰出版社，
2011.5
（古代文史名著选译丛书）
ISBN 978-7-5506-0423-0

Ⅰ. ①墨… Ⅱ. ①刘… Ⅲ. ①墨家 Ⅳ. ①B224

中国版本图书馆CIP数据核字(2011)第046079号

书　　名　墨子选译
译 注 者　刘继华
责任编辑　王华宝
出版发行　凤凰出版传媒集团
　　　　　凤凰出版社(原江苏古籍出版社)
　　　　　南京市中央路165号　邮编 210009
　　　　　发行部电话 025-83223462
集团网址　凤凰出版传媒网　http://www.ppm.cn
照　　排　江苏凤凰制版有限公司
印　　刷　江苏凤凰通达印刷有限公司
　　　　　南京市六合区冶山镇　邮编 211523
开　　本　960×1304毫米　1/32
印　　张　6.625
字　　数　107千字
版　　次　2011年5月第1版　2011年5月第1次印刷
标准书号　ISBN 978-7-5506-0423-0
定　　价　14.00元
（本书凡印装错误可向承印厂调换，电话：025-57572508）

《古代文史名著选译丛书》编委会

顾　问

周　林　　邓广铭　　白寿彝

主　编

章培恒　　安平秋　　马樟根

编　委

（均按姓氏笔划多少排列）

马樟根　平慧善　安平秋　刘烈茂　许嘉璐

李国祥　金开诚　周勋初　宗福邦　段文桂

董治安　倪其心　黄永年　章培恒　曾枣庄

（以上为常务编委）

王达津　吕绍纲　刘仁清　刘乾先　李运益

杨金鼎　曹亦冰　常绍温　裴汝诚

（以上为编委）

《古代文史名著选译丛书》修订版 出版说明

呈献在读者面前的这套《古代文史名著选译丛书》是2011年的修订版。全书共134册，包括了中国从先秦至清末两三千年间的著名典籍。每部典籍都选其精粹(《论语》《老子》则全文收录)，收录原文，加以简明的注释，力求准确地译为现代汉语，并于每一篇之前写有对该文的提示性说明。这是近一个世纪以来，规模最大、收录种类相对齐全、译注质量较高的一套普及传统文化的今译丛书。

这套丛书，原在1992年—1994年由巴蜀书社分三批出齐，印行过万套；不久，又由台湾的出版机构买去海外版权在台湾及海外发行，可见这套丛书当年在两岸受欢迎的程度。时隔17年，丛书编委会决定重新修订,改由江苏凤凰出版集团所属的凤凰出版社出版。

这套丛书是由教育部属下的全国高等院校古籍整理研究工作委员会(简称古委会)于1985年策划的。古委会组织了全国18所大学的古籍整理研究所的所长任编委会编委,由我们三人任主编,在全国范围内选请学有专长的学者承担各书的译注。从1986年—1992年,历时7年完成。当时,编委会制订了严明、可行的体例和细则,译注者按要求完成书稿。每部书稿完成后,都在全国范围内请编委会之外的专门研究这一学术领域的两位专家初审,合格后再请两位编委参照初审意见审改,然后退还原译注者改正。待原译注者改正后,再由编委会集中常务编委和部分编委、相关专家在一地将每部书稿从头至尾审改。这样的集中审稿会一般都在8—15天,7年中开了12次审改会。审改后,三位主编再集中在一起逐一审定,交付出版社。这一工作程序,使得这套丛书的译注质量有了一定的提高。所以,这套丛书,在一定程度上是个人与多人合作的结果。关于这套丛书的编纂始末,我们曾在1992年4月全书交稿后写有一篇文章,这次附在修订版书末,便于读者了解。

这次修订，是交由原译注者自己修改。少数译注者已去世，则书稿一仍其旧。个别译注者已联系不上，也保持原貌。

1992年—1994年出版时，书前有当时古委会主任周林先生写的序。周林先生是这一丛书的发起者。他已于1997年6月去世，至今已14年了。为了尊重历史，也为了纪念他，修订版仍用他的序。

我们三人在1985年—1992年主持这套丛书工作时，年龄大的是从51岁到58岁之间，年龄小的是从44岁到51岁之间，那时尚有精力组织、参与这一工作，今天我们都已年逾古稀。全书修订版出版之际，心情似乎比当年更惴惴不安地期待着读者的评头品足，期待着不要对读者贻误太多。

回想这套丛书，真应该感谢我们的祖先为我们留下了这样深厚、丰富的思想、文化遗产，使我们今天仍然受用无穷。应该感谢这套丛书的全体译注者、审阅者、编委和当年的出版者巴蜀书社、今天的出版者凤凰出版社，是他们的学识、辛勤与真诚使得这套丛书得以面世。

章培恒　马樟根　安平秋

2011年3月15日

序

《古代文史名著选译丛书》与广大读者见面了。这是丛书编委会的同志与众多专家学者通力协作、辛勤耕耘的结果。

中华民族在五千年漫长的岁月里，创造了光辉灿烂的文化，给人类留下了丰富的精神财富。“观今宜鉴古，无古不成今”。今天，以马克思主义的科学理论为指导，整理研究我国古代文化典籍，做到汲取精华，剔除糟粕，古为今用，推陈出新，使人们在正确认识民族历史的同时，得到爱国主义的教育，陶冶道德情操，提高全民族的文化素质，促进社会主义文化的繁荣，使文明古国的历史遗产得以发扬光大，这是我们每个炎黄子孙的责任。而要做到这样，对古籍进行整理与研究是重要的基础工程。但是，整理与研究古籍仅作标点、校勘、注释、辑佚还不够，还要有今译，使老年人、中年人、青年人都愿意去读，都能读懂，以便从中得到教益。

基于以上认识，全国高等院校古籍整理研究工作委员会于1986年5月组成了以章培恒、安平秋、马樟根三位同志为主编的《古代文史名著选译丛书》编委会，确定了以全国十八所大学的古籍整理研究所为主力承担这一看似轻易、实则艰巨的今译任务。在第一次编委会议上，拟定了《凡例》、《编写与审稿要求》、《文稿书写格式》和一百余种书目。以每一种书为十万至十五万字计算，这套丛书大约有一千余万字，应该说是一项大工程。经过一年的努力，完成了第一批三十六部书稿的译注任务。在各研究所的专家与所长把关的基础上，于1987年5月和7月，先后在复旦大学、北京大学召开了部分编委参加的审稿会，通过了二十五部书稿，作为《古代文史名著选译丛书》与广大读者见面的第一批作品。与此同时，在1987年7月6日，邀请了在京的十几位专家教授与编委会十几位编委一起座谈这套丛书与古籍今译的问题。专家们肯定了今译工作的必要性与深远意义，并以他们数十年的教学科研和创作的经验，说明今译是一项难度很大的工作，是培养人才，使之打下坚实基本功的一种有效方法；专家们还对《古代文史名著选译丛书》提出了宝贵的建议，这对当时的审稿工作和保证《丛书》的质量起了很好的作用。

实践证明，古籍的今注不易，今译更难。没有对作品的深入、透彻的研究，没有准确、通俗、生动的语言表达能力，要想做好今译是不可能的。两年多来，全国高等院校古籍整理研究工作委员会在探索古籍的今注、今译的道路上，做了一些工作。这部丛书的出版，是系统今译的开始，说明古籍整理研究工作有了新的进展。更可喜的是，一批中青年学者参加了今注今译工作，为古籍整理增添了新生力量，相信他们会在实践中，在学习中，成长成熟。我希望，这套丛书的编委会和高校各古籍整理研究所要敞开大门，加强同国内外专家学者的联系，征求他们和广大读者的意见，并向有真才实学而又适宜做今译工作的专家学者约稿，以提高古籍译注的水平，使《古代文史名著选译丛书》的第二批、第三批作品的质量更上一层楼。

这是一套以文史为主的大型的古籍名著今译丛书。考虑到普及的需要，考虑到读者对象，就每一种名著而言，除个别是全译外，绝大多数是选译，即对从该名著中精选出来的部分予以译注，译文力求准确、通畅，为广大读者打通文字关，以求能读懂报纸的人都能读懂它。我希望这套丛书能成为中小学教师的语文、历史教学的参考书，成为大专院校学生的课外读物，成为广大文史爱好者的良师益友。由于系统的古籍今译工作还刚刚起步，这套丛书定会有不少缺点、错误，也诚恳地希望读者批评指正。

巴蜀书社要我为这套丛书写序，我欣然接受了。我相信这套丛书不仅会使八十年代的人们受益，还将使子孙后代受益，它将对祖国的繁荣昌盛起到点滴的作用。最后借此机会向曾给予我们支持、帮助的专家学者和巴蜀书社的同志表示衷心的感谢！并殷切地希望台湾同胞、港澳同胞、海外侨胞和我们一同做好祖先留给我们的文化遗产的整理工作，为中华民族灿烂的文化再放异彩而努力！

周　林

1987年10月于北京

目　录

前言

墨子，名翟，鲁国人。他的生卒年不能确考，大约生于公元前479年，死于公元前403年左右。他是墨家学派的创始人，是当时著名的思想家。

墨子做过工匠，长于机械制造。他承认自己是“贱人”。但从墨子一生的活动看，他属于“士”这个阶层，是当时的知识分子。他早年在鲁国曾受过儒家的教育，是个很博学的人。他发觉儒家非常强调礼乐，主张厚葬久丧，不利于人民，违背古代圣王之道，于是他就反对儒家。后来创立了自己的学派。他用上说下教的方法向当时的国君诸侯进行宣传，希望国君诸侯采纳他的意见。他自己就说过：我认为诵读先王的书，通晓圣人的话，就可以上说国君诸侯,下劝平民百姓。国君诸侯采纳了我的意见,国家就必然会安定;平民百姓听了我的劝告,德行就必然会纯洁。所以在墨子看来,他是宣传先王之道的。但是他勤读先王的书,周游列国,国君诸侯都不采纳他的意见,他也就没有机会称卿作相了。有一次他到卫国去,车上装了很多的书,弟子觉得奇怪,问为什么在车上装很多书?他说,以前周公旦辅佐天子,早上尚且读书百篇。现在我上面没有国君授予的重任,下面不像庄稼汉那样困苦,怎么能抛弃这些书呢?由此看来,墨子既不是统治人民的统治者,也不是直接参加农耕的劳动者。司马迁说墨子做过宋国的大夫,但《墨子》里一点反映也没有,既没有墨子做官的事迹,也没有墨子与宋君的对话。所以有人对司马迁的说法表示怀疑,是有道理的。

墨家学派是怎样产生的呢?春秋战国之际,是列国兼并时期。当时大小诸侯国很多,各霸一方,不断进行战争,加以统治者奢侈享乐,残酷地剥削人民,致使国家混乱、人民困苦。随着地主阶级的兴起,阶级关系发生了重大的变化。不同阶级出身的士,纷纷要求参与政治。各国的国君也都礼贤下士，招揽人才，作为助手。因此士的阶层逐步扩大，为了适应当时的需要，各种学派也就相继产生了。墨家就是在这种情况下产生并发展起来的。

那时墨家的弟子遍天下，他们大多来自社会下层，过着极为俭朴的生活。如果不能刻苦，就不配作为墨家的一员。墨家学派，有着严密的组织纪律。墨子推荐弟子出去做官，如果有谁做官后违背了墨家的主张，就要被召回。做官得到的俸禄，一定要分一部分给墨家团体使用。墨子死后，墨家的领导者被称为“巨子”，所有墨家的成员都要服从巨子的指挥。后来墨家分为三派：有相里氏之墨、相夫氏之墨、邓陵氏之墨。他们都读《墨经》。

《墨子》这部古典名著，就是由墨子及其弟子著述的。据班固《汉书·艺文志》记载：《墨子》有七十一篇。到了宋代，《墨子》就只有六十一篇了。现在的墨子，只剩下五十三篇了。这是我们现在研究墨子思想及墨家学说的宝贵资料。

现存的《墨子》，总的说来，是一部墨学丛书，它可分为两大部分：《备城门》以前的各篇算一部分，它是墨子及其弟子论政治、经济、科学、逻辑等方面的言论；从《备城门》起，以下的各篇算一部分，是墨子及其弟子论守城之法的言论。这后一部分,在汉代,可以分出来单独成书,也叫《墨子》,刘歆的《七略》把它归入"兵技巧家"。

《墨子》这部书中,《尚贤》、《尚同》、《兼爱》、《非攻》、《节用》、《节葬》、《天志》、《明鬼》、《非乐》、《非命》等篇是墨子针对当时诸侯各国的情况提出的主张,可以说是墨学的纲领。这是研究墨子思想的主要材料。原来在每个题目下,都有上、中、下三篇,内容大同小异。这很可能是由于墨家后来分成三派,各派弟子所作的记录有详略的不同。书中从《经》上到《小取》,即所谓墨经、墨辩。它的内容,不仅包括政治、伦理、经济、教育、认识论、逻辑学等方面的知识,而且包括中国最早的关于数学、光学、力学方面的知识。这部分没有宗教迷信思想,学术价值很高。

墨子的思想学说,有很多方面值得研究。例如:

在政治方面,墨子主张尚贤,他认为:尚贤是政治的根本。他反复抨击"骨肉之亲,无故富贵"的旧制度,提出了"官无常贵,而民无终贱"的新原则。墨子认为,只要有贤能,不管亲疏远近、贫富贵贱,都要任用他。即使是务农做工的人,有贤能就要提拔他。如果是无德无才的人，即使是王公大人的骨肉之亲，也要把他撤下去，使他贫贱。墨子的这种主张反映了自由平民和奴隶主贵族的政治对立，是有进步意义的。

墨子认为，只有天下的人都兼相爱，才能安定，如果交相恨就会混乱。他把能不能兼相爱看成决定社会安定不安定的唯一条件。墨子从兼爱观点出发，主张“兼”，反对“别”。他说的“兼”，就是爱别人像爱自己一样。他把合乎这个原则的君叫做“兼君”，合乎这个原则的士叫做“兼士”。他说的“别”，就是把自己与别人区别看待，只顾自己，不管别人。墨子把这样的君叫做“别君”，把这样的士叫做“别士”。“别君”、“别士”是墨子所反对的。由于墨子不了解社会治乱的根源，他要大家都来“兼相爱、交相利”，根本不可能，只是一种善良的幻想。

墨子主张“非攻”，这同他的“兼爱”是一致的。他认为大国攻小国的兼并战争是不义的，是亏人自利的盗窃行径，所以主张“非攻”。在他看来，这种兼并战争产生的根源，都是由于不相爱引起的。从当时历史发展的道路来看，这种兼并战争是由分散割据走向统一的必然方向。墨子当时不可能认识历史发展的必然方向，也不可能认识战争的社会根源，因而他不能科学地区分战争的正义和非正义的性质。但他揭露战争给人民带来的痛苦和危害，在一定程度上反映了当时的社会现实。

在经济方面，墨子主张“强本节用”。所谓“强本”，就是增加农业生产；所谓“节用”，就是限制王公大人的奢侈浪费。在《节用》、《节葬》等篇中，墨子反复阐述了这一思想。墨子的这一思想，是有积极进步意义的。

在军事方面，墨子善守御，他的战略思想，他的守城之法，很值得研究。墨子主张有备无患，认为准备工作对于保卫国家的安全至为重要。不仅城防、兵器、粮草要作准备，思想上也要作好准备，要上下一心；另外，外交上要“遍礼四邻诸侯”，政治上要“悦忠行义”，都要为防御作准备。墨子在回答弟子禽滑厘问如何守城时就说过：守城的根本在于要修好城墙、护城河，防御器械完备，粮草充足，官民上下一致，并能得到四邻诸侯的援助，同时还要具备两个条件，一是守将要有才能，二是国君要信任他。可见墨子的守御，不是单纯的军事守御，他是把军事跟政治、外交、经济等各方面都结合起来，形成一个完整的战备思想体系。

在认识论方面，墨子在《非命》中明确提出："言必有三表（即三法）。"他说的"三表"就是：一要考察古代圣王的经验，二要考察百姓耳闻目睹的实情，三要从政治实施中考察它是否符合国家人民的利益。用这三表作为判断真假是非的标准。这可见墨子是根据经验和客观效果来判断事物的真假是非。他反对主观，相信客观。他的认识论是唯物的经验论的认识论。但在《天志》、《明鬼》、《尚同》等篇中又主张尊天事鬼、上同于天等等，则是他唯心主义的宗教迷信思想的反映。

综上所述，从墨子的全部思想看，既有积极进步的一面，也有消极保守的一面，而前者是主要的，所以他不愧为中国古代的伟大思想家，《墨子》这部书，不愧为古代文化的名著。但是汉兴以后，由于封建统治者的贬斥，《墨子》一书，两千多年，几乎没有人传述。清代以前没有校本，讹误衍脱，比比皆是，所以《墨子》在诸子中是最难读的。今传注本，以清代毕沅注本为最早，以孙诒让注本为最善。此后有吴毓江校注本，所用校勘的版本较多，其中有十五种善本是孙诒让没有见到的。此外各家校勘校释，也各有所长。我们在选译《墨子》时，广参各家校注，择善而从，或据以对原文作了必要的校改，或在释文中利用了有关的学术成果，为了通俗易读，注解中没有一一标明。

墨子文章的特点，意思明显，语言质朴。我们的翻译，按照直译与意译相结合的原则，力求做到准确流畅、合乎规范，不失原文的特点。

本书曾受到研究所领导的热情关怀，并在多方面得到徐适端、侯昌吉、冯昌敏老师和研究生顾之川、吴泽顺、吴福祥同志的帮助，最后承蒙李运益教授审阅了全稿，在此一并致谢。

限于水平，书中的错误一定不少，敬希指正。

刘继华（西南师范大学汉语言文献研究所）

所　染

本篇以染丝为喻，说明一个大问题：国君诸侯必须正确选择自己的近臣，士必须正确选择自己的朋友，如此才能受到好的熏染，否则就会受到坏的影响；而“所染”是否正确得当，直接关系到事业的成败、国家的兴亡。文中列举大量历史事实，反复从正反两方面说明问题：许多国君由于“所染当”，所以“王天下”，“功名蔽天地”；另外不少国君则由于“所染不当”，结果“国残身死，为天下僇”。国君是如此，士也是这样。最后得出“必择所堪，必谨所堪”的结论。

子墨子见染丝者而叹曰①:“染于苍则苍,染于黄则黄。所入者变,其色亦变,五入而已为五色矣。故染不可不慎也!”

非独染丝然也,国亦有染②。舜染于许由、伯阳③,禹染于皋陶、伯益④,汤染于伊尹、仲虺⑤,武王染于太公、周公⑥。此四王者所染当,故王天下,立为天子,功

---

① 子墨子:是墨子的弟子对自己老师的尊称,意思是“本师墨先生”。古代在某人姓氏上加“子”,表示其人是自己的老师。为了通俗,译文中把“子墨子”译为“墨先生”。 ② 国:这里指诸侯国的君主。 ③ 舜:传说中上古帝王名。许由:传说为唐尧时代的隐士。尧禅让天下给他而不受,隐耕于箕山之下。伯阳:古代贤人,相传为舜七友之一。 ④ 禹:传说是夏朝的第一个王。他曾奉舜命治理洪水有功,被舜选为继承人。皋陶:相传为虞舜时掌管刑法的官。后被禹选为继承人,因早死,未即位。伯益:相传为虞舜时主管山泽园囿畋猎的官。又助禹治水有功,曾被禹选为继承人。 ⑤ 汤:名天乙,一作大乙。商代第一个王。伊尹:一说名挚。商汤时的大臣,传说原是厨役出身,为汤妻的陪嫁奴隶,后助汤灭夏建国。仲虺(huǐ 悔):商汤王的大臣。 ⑥ 武王:姬姓,名发。周文王之子。他继承父志率军东征灭商建立西周王朝。太公:姓姜,吕氏,名尚,俗称姜太公。年老得遇文王,文王因他是先君太公久望之人,故号为“太公望”。后辅佐武王伐纣灭商有功,封于齐。周公:名旦,武王弟,曾助武王灭商。武王死后,成王尚幼,由他摄政,出师东征,平定反叛,分封诸侯,制定典章制度,巩固了周王朝的统治。

名蔽天地。举天下之仁义显人，必称此四王者。夏桀染于干辛、推哆①，殷纣染于崇侯、恶来②，厉王染于厉公长父、荣夷终③，幽王染于傅公夷、蔡公谷④。此四王者所染不当，故国残身死，为天下僇⑤。举天下不义辱人，必称此四王者。齐桓染于管仲、鲍叔⑥，晋文染于

---

① 夏桀：名履癸。夏代最后一个王。在位时剥削残酷，暴虐荒淫，后被汤所败，逃至南方而死。干辛：桀之谀臣。推哆（chǐ 齿）：桀臣。传说能“生列（裂）兕（sì 四）虎，指画杀人”。 ② 殷纣：亦称帝辛。商代最后一个王。崇侯：名虎。纣之谀臣。恶（wū 乌）来：纣之谀臣，以材力事纣，殷灭亡后被周武王所杀。 ③ 厉王：西周国王。姬姓，名胡。因对国人实行残暴统治，国人发难，他逃奔于彘（zhì 智，今山西霍县）而亡。厉公长父：未详。荣夷终：或作“荣夷公”。周厉王的卿士，封于荣（今陕西户县西），帮助厉王实行专制统治，引起国人反抗。 ④ 幽王：西周最后一个王，名宫湦（shēng 生）。他施暴政，使人民流离失所。因宠爱褒姒，废申后和太子宜臼。后申侯率军讨灭西周，杀幽王于骊山下。傅公夷：未详。蔡公谷：未详。 ⑤ 僇（lù 路）：辱。 ⑥ 齐桓：齐桓公。姜姓，名小白。春秋时齐国国君，公元前 685—前 643 年在位。他任用管仲为相，改革内政，致使国力富强。并以尊王攘夷相号召，多次大会诸侯订立盟约，成为春秋五霸中的第一个霸主。管仲：即管敬仲，名夷吾，齐桓公的贤相，被尊为“仲父”。鲍叔：即鲍叔牙。春秋时齐国贤大夫。以知人著称，曾荐举管仲为相。

舅犯、高偃①，楚庄染于孙叔、沈尹②，吴阖闾染于伍员、文义③，越勾践染于范蠡、大夫种④。此五君者所染当，

① 晋文：晋文公。姬姓，名重耳。春秋时晋国国君，为春秋五霸之一。公元前636—前628年在位。其父献公在位时，立幼子奚齐为嗣，谋害太子申生及诸公子，申生自杀，重耳流亡在外十九年，最后在秦穆公的帮助下返回晋国，夺取政权。舅犯：一作咎犯，即狐偃，字子犯。晋文公的舅父，曾随从晋文公流亡在外十九年，辅助他回国夺权。高偃：即郭偃。 ② 楚庄：楚庄王。芈（mǐ米）姓，名旅。春秋时楚国国君，为春秋五霸之一。公元前613—前591年在位。孙叔：蔿（wēi威）氏，名敖，字孙叔。楚国令尹。辅佐庄王指挥楚军大胜晋兵而成为霸主。沈尹：楚国沈县大夫，名茎。或谓曾为令尹。 ③ 阖闾（hé lǘ合驴）：一作阖庐，名光。春秋末年吴国国君。公元前514—前496年在位。伍员：字子胥。春秋时吴国大夫，曾帮助阖闾刺杀吴王僚，夺取王位。以功封于申，又称申胥。文义：《吕氏春秋》作“文之仪”，春秋时吴国大夫。 ④ 勾践：春秋末年越国国君。公元前497—前465年在位。曾被吴王夫差战败，屈服求和。其后卧薪尝胆，发奋图强，经历十年生聚十年教训，终于使越国转弱为强，灭掉吴国。范蠡（lǐ里）：字少伯。楚国宛（河南南阳）人。春秋末年越国大夫。助越王勾践整顿国政，灭掉吴国。大夫种：姓文，名种，字子禽（一作少禽）楚国郢（湖北江陵西北）人，春秋末年越国大夫。他为越王勾践出谋划策，灭掉吴国。

故霸诸侯，功名传于后世。范吉射染于长柳朔、王胜①，中行寅染于籍秦、高强②，吴夫差染于王孙雒、太宰嚭③，知伯摇染于智国、张武④，中山尚染于魏义、偃长⑤，宋康染于唐鞅、佃不礼⑥。此六君者所染不当，故国家残亡，身为刑戮，宗庙破灭，绝无后类，君臣离散，民人流亡。举天下之贪暴苛扰者⑦，必称此六君也。凡君之所以安者何也？以其行理也。行理生于染当。故善为君者，劳

---

① 范吉射(yì 义)：春秋末年晋卿范献子鞅之子。在晋卿内讧中被赵简子打败。长柳朔：亦作张柳朔。范吉射家臣。王胜(xīng 星)：亦作王生，范吉射家臣。 ② 中行寅：春秋末年晋卿中行穆子之子，谥荀文子。在晋卿内讧中被赵简子打败。籍秦、高强：均为中行寅家臣。 ③ 夫差：春秋末吴国国君，吴王阖闾之子。后为越王勾践打败，自杀。王孙雒(luò 洛)：吴王夫差之臣。太宰嚭(pǐ 痞)：即伯嚭。太宰：官名。春秋时吴王夫差之大臣，善逢迎，贪财好谗，曾谮杀伍子胥。吴亡后，降越为臣，一说为勾践所杀。 ④ 知(zhì 智)伯摇：即智襄子，也称智伯。春秋末年晋国势力最强的卿大夫，后为韩、赵、魏三家所灭。智国：即智伯国，智伯家臣。张武：即长武子，智伯家臣。 ⑤ 中山尚：中山(春秋时称鲜虞)国君。中山初亡于魏，复国后又亡于赵。魏义、偃长：均不详。 ⑥ 宋康：宋王偃，谥康。战国时宋国国君，为齐湣王所灭。唐鞅：宋康王之相。佃不礼：亦作"田不禋"，"田不礼"，曾为宋臣。
⑦ 苛：苛刻。扰：指烦扰百姓。

于论人①，而佚于治官②。不能为君者，伤形费神，愁心劳意，然国逾危③，身逾辱。此六君者，非不重其国、爱其身也，以不知要故也。不知要者，所染不当也。

非独国有染也，士亦有染。其友皆好仁义，淳谨畏令，则家日益，身日安，名日荣，处官得其理矣，则段干木、禽子、傅说之徒是也④。其友皆好矜奋，创作比周⑤，则家日损，身日危，名日辱，处官失其理矣，则子西、易牙、竖刀之徒是也⑥。《诗》曰"必择所堪，必谨所堪"者⑦，此之谓也。

【翻译】

墨先生看到染丝的就感慨地说："洁白的丝染在青

---

① 论：通"抡"，选择。 ② 佚：同"逸"。 ③ 逾：愈，更加。 ④ 段干木：姓段干，名木，战国初年魏国人。魏文侯之师，曾学于孔子的弟子子夏。禽子：禽滑（gǔ 古）厘，墨子弟子。傅说（yuè 悦）：传说为商王武丁（殷高宗）贤臣。本为从事版筑的奴隶，后被武丁举为大臣，治理国政。 ⑤ 比周：结伙营私。 ⑥ 子西：春秋时楚大夫斗宜申。一说为楚公子申。易牙：一作狄牙，长于烹调，善于逢迎。竖刀：一作竖刁、竖貂。他与易牙都是春秋时齐桓公的近臣。管仲死后，诸子争立，两人专权，杀害群吏，立公子无亏，太子昭奔宋，齐国因此发生内乱。 ⑦ 今本《诗经》没有这两句诗，可能是佚亡了的诗。堪：通"湛（jiān 煎）"，浸染。诗意为：染料必选择，浸染要谨慎。

色染水里就成青色，染在黄色染水里就成黄色，浸入的染料变了，丝的颜色也就变了，丝五次入于不同的染水，就成为五种颜色了。所以染丝不可不谨慎啊！”

不只染丝是如此，国君同样也要受近臣的熏染影响。如虞舜受许由、伯阳的熏染影响，夏禹受皋陶、伯益的熏染影响，商汤受伊尹、仲虺的熏染影响，周武王受姜太公、周公旦的熏染影响。这四个称王的君主因熏染影响他的人正确得当，所以称王于天下，立为天子，功盖四方，名扬天下。要举出天下仁义著名的人，一定要说到这四个称王的人。夏桀王受干辛、推哆的熏染影响，殷纣王受崇侯、恶来的熏染影响，周厉王受厉公长父、荣夷终的熏染影响，周幽王受傅公夷、蔡公谷的熏染影响。这四个称王的人因熏染影响他的人不正确不得当，所以国亡身死，被天下人羞辱。要举出天下不义的可耻的人，一定要说到这四个称王的人。齐桓公受管仲、鲍叔牙的熏染，晋文公受舅犯、郭偃的熏染影响，楚庄王受孙叔敖、沈令尹的熏染影响，吴王阖闾受伍员、文义的熏染影响，越王勾践受范蠡、大夫文种的熏染影响。这五个君主由于熏染影响他的人正确得当，所以称霸于诸侯，功名传于后世。范吉射受长柳朔、王胜的熏染影响，中行寅受籍秦、高强的熏染影响，吴王夫差受王孙雒、太宰嚭的熏染影响，知伯摇受智国、张武的熏染影响，中山国君尚受魏义、偃长的熏染影响，宋康王受唐鞅、佃不礼的熏染影响。这六个君主由于熏染影响他的人不正确不得当，所以国家灭亡，身遭杀戮，宗庙毁灭，断绝子孙，君臣离散，百姓流亡。要举出天下贪暴苛刻烦扰的人，一定要说到这六个君主。凡国君能安安稳稳的原因是什么呢？是由于他们行正道，行正道产生于熏染影响他们的人正确得当。所以善于做君主的人，在选择人才方面尽心竭力，在管理官吏方面就清闲省事了。不会做君主的人，尽管伤身费神，忧心劳意，但国家却更加危险，自身更加受辱。这六个君主，并不是不重视他们的国家、不爱惜他们自己，而是由于不懂得治国要领的缘故。他们不懂得治国要领的原因，正是由于熏染影响他们的人不正确不得当。

不只是国君要受近臣的熏染影响，士也要受朋友的熏染影响。他的朋友如果都爱好仁义，淳朴谨慎，畏惧法纪，那么他的家就一天比一天富裕，自身就一天比一天安全，名声就一天比一天升高，居官从政就得到正道了，如段干木、禽滑厘、傅说这类人就是这样。他的朋友如果都爱好骄夸，兴风作浪，结伙营私，那么他的家就一天比一天贫穷，自身就一天比一天危险，名声就一天比一天不光彩，居官从政就失去正道了，如子西、易牙、竖刁这类人就是这样。《诗》所说的“必择所堪，必谨所堪”（染料必选正，浸染要谨慎），就是说的这个道理。

七　患

本篇论述了当时造成国家危亡的七种祸患，涉及国防、外交、内政、财用、君主、臣民、粮食等方面存在的重大问题。

墨子认为一个国家要防患，最根本的是增加生产，节省开支。要在粮食、武器、城防和思想上都做好防患的准备，尤其粮食的储备是国家的根本储备，它直接关系到人民的生活、国家的存亡。

但是，当时的统治者贪图享乐，耗尽民力和府库之财，置备车马衣裘、大修宫室，不仅活着的时候奢侈荒淫，死后还要厚葬。在墨子看来，这是造成国家危亡的主要祸患。

子墨子曰："国有七患。七患者何？城郭沟池不可守，而治宫室，一患也；适国至境[①]，四邻莫救，二患也；先尽民力无用之功，赏赐无能之人，民力尽于无用，财宝虚于待客，三患也；仕者持禄，游者爱交，君修法讨臣，臣慑而不敢拂，四患也；君自以为圣智而不问事，自以为安强而无守备，四邻谋之不知戒，五患也；所信不忠，所忠不信，六患也；畜种菽粟不足以食之[②]，大臣不足以事之，赏赐不能喜，诛罚不能威，七患也。以七患居国，必无社稷[③]；以七患守城，敌至国倾。七患之所当，国必有殃。

"凡五谷者，民之所仰也，君之所以为养也。故民无仰则君无养，民无食则不可事[④]。故食不可不务也，地不可不力也，用不可不节也。五谷尽收，则五味尽御于主[⑤]，不尽收则不尽御。一谷不收谓之馑[⑥]，二谷不收谓之罕[⑦]，三谷不收谓之凶，四谷不收谓之馈[⑧]，五谷不收谓之饥。岁馑，则仕者大夫以下皆损禄五分之一；罕，则损五分之二；凶，则损五分之三；馈则损五分之四；饥，则

---

① 适（dí 敌）：通"敌"。 ② 畜：同"蓄"。菽粟：泛指粮食。③ 社稷：本指帝王、诸侯所祭的土神和谷神，国亡必变置社稷，因而以社稷为国家的代称。 ④ 事：使。 ⑤ 御：指饮食入于口。 ⑥ 馑：歉收。 ⑦ 罕：稀少。 ⑧ 馈：通"匮"，缺乏的意思。下同。

尽无禄禀食而已矣①。故凶饥存乎国，人君彻鼎食五分之三②，大夫彻县，士不入学，君朝之衣不革制；诸侯之客，四邻之使，雍食而不盛③；彻骖騑④，涂不芸⑤，马不食粟，婢妾不衣帛：此告不足之至也。

“今有负其子而汲者，队其子于井中⑥，其母必从而道之⑦。今岁凶，民饥，道馑⑧，此疚重于队其子⑨，其可无察邪？故时年岁善，则民仁且良；时年岁凶，则民吝且恶。夫民何常此之有？为者寡，食者众，则岁无丰。故曰财不足则反之时⑩，食不足则反之用。故先民以时生财⑪，固本而用财⑫，则财足，故虽上世之圣王，岂能使五谷常收而旱水不至哉？然而无冻饿之民者，何也？其力

---

① 禀食：供给饭吃。 ② 彻：通“撤”，撤去。鼎食：列鼎而食，指贵族的豪奢生活。 ③“雍食”当为“饔飧（yōng sūn 雍孙）”。早餐称饔，晚餐称飧。 ④ 骖騑（cān fēi 参非）：据曾侯乙墓出土战国简文证明：古时驾马有驾两、驾三、驾四、驾六四种情况。六马驾车时，中间两马夹辕的叫服马，即左服、右服；服旁（外边）的马叫骖马，即左骖、右骖；骖旁（外边）的马叫騑马，即左騑、右騑。彻骖騑：意为撤去骖马騑马，只用两匹马驾车。 ⑤ 涂：途，道路。芸：“耘”的省文，修理。 ⑥ 队（zhuì 赘）：同“坠”。 ⑦ 道：通“导”，引。 ⑧“馑”：通“殣（jǐn 谨）”，饿死。 ⑨ 疚：病。 ⑩ 时：指农时。 ⑪ 先民：古之贤人。⑫ 本：指本业。古代以农业为国之本。用财：当作“节省”，指节省开支。

时急而自养俭也。故夏书曰：'禹七年水。'殷书曰：'汤五年旱。'此其离凶饥甚矣①，然而民不冻饿者，何也？其生财密，其用之节也。

"故仓无备粟，不可以待凶饥；库无备兵，虽有义不能征无义；城郭不备完，不可以自守；心无备虑，不可以应卒②。是若庆忌无去之心③，不能轻出。夫桀无待汤之备，故放；纣无待武之备，故杀。桀、纣贵为天子，富有天下，然而皆灭亡于百里之君者，何也？有富贵而不为备也。故备者，国之重也。食者，国之宝也；兵者，国之爪也；城者，所以自守也：此三者，国之具也。故曰：以其常役，修其城郭，则民劳而不伤；以其常正④，收其租税，则民费而不病。民所苦者非此也，苦于厚作敛于百姓。以其极赏，以赐无功；虚其府库，以备车马、衣裘、奇怪；苦其役徒，以治宫室观乐。死又厚为棺椁，多为衣裳。生时治台榭，死又修坟墓。故民苦于外，府库单于内⑤，

---

① 离：通"罹(lí)"，遭遇。 ② 卒(cù 促)：通"猝"，突然。 ③ 庆忌：吴王僚之子，有勇力。阖闾篡僚之位，庆忌奔卫。吴王阖闾欲谋杀庆忌，要离自请断其右手、杀其妻子，从而投奔在卫的庆忌，骗取庆忌的信任。要离同庆忌至吴，渡江中流，刺杀庆忌。去：疑为"备"字之误。 ④ 正：同"征"。 ⑤ 单：通"殚"，竭尽。

上不厌其乐[1]，下不堪其苦。故国离寇敌则伤[2]，民见凶饥则亡。此皆备不具之罪也。且夫食者，圣人之所宝也。故《周书》曰：'国无三年之食者，国非其国也；家无三年之食者，子非其子也。'此之谓国备。"

【翻译】

墨先生说："国家有七种祸患。这七种祸患是什么呢？都邑四周的内城外城以及护城河都不能守御，却去大修宫廷，这是第一种祸患；敌国的军队已到边境，四周的邻国没有谁来救助，这是第二种祸患；民力都消耗在无用的事情上，赏赐无能的人，结果在无用的事情上使民力耗费殆尽，在招待宾客上使财宝空虚无存，这是第三种祸患；做官的人只顾保持俸禄，游说的人只爱好结交，君制订法律惩罚臣下，臣畏惧君威不敢直言规劝，这是第四种祸患；君主自以为神圣聪明而不问下情，自以为国家安定强盛而无防备，邻国已在图谋进攻而自己不知警戒，这是第五种祸患；君主信任的人并不忠，而忠于君主的人却得不到信任，这是第六种祸患；国家的粮食不够用来给人民吃，大臣不能供君主使用，赏赐不能使人欢喜，惩罚不能使人畏惧，这是第七种祸患。国家有

---

① 厌：通"餍"，满足。 ② 离：通"罹"。伤：毁，失败。

了这七种祸患，用这来治国，必然亡国；用这来守城，敌军一到就必然城失国灭。七患在哪个国家，哪个国家就必定遭受祸殃。

“五谷，是百姓依赖它生活的东西，是君主靠它作为给养的东西。所以百姓没有五谷，君主也就没有给养；百姓没有吃的，君主就不能使唤。因此粮食不可不加紧生产，田地也不可不努力耕种，财用不可不节制。五谷丰收，各种美味都能入于君主之口，五谷不丰收，君主什么也吃不到了。一谷不收叫做‘馑’，二谷不收叫做‘罕’，三谷不收叫做‘凶’，四谷不收叫做‘馈’，五谷不收叫做‘饥’。遇到一谷不收的年岁，做官的人从大夫以下都减少俸禄五分之一；遇到二谷不收的年岁，就减少俸禄五分之二；遇到三谷不收的年岁，就减少俸禄五分之三；遇到四谷不收的年岁，就减少俸禄五分之四；遇到五谷不收的年岁，就都没有俸禄，只供给饭吃罢了。所以国家遇到凶饥年岁，君主撤去鼎食五分之三，大夫撤去所悬的乐器，不听音乐，读书人去务农，不入学读书，君主临朝的衣服不改制新的；诸侯的宾客，邻国的使者，吃早饭和晚饭都不摆丰盛的筵席；驾车只用两匹马，道路不加修治，马不喂粟，婢妾不穿丝绸衣服：这表明穷到极点了。

“现在有一个背着孩子到井边去打水的人，把她的孩子掉到井里了，孩子的母亲一定会设法把孩子救出来。如今遇到凶岁，百姓挨饿，路上有饿死的人，这种痛苦比孩子掉到井里更为严重，哪能不仔细考察呢？所以有时年成好，百姓就仁义善良；有时年成坏，百姓就吝啬凶恶。百姓的这些品性哪有固定不变的呢？劳动的人少，吃饭的人多，就没有好年岁。所以说财用不足，就要反省生产是否合农时，粮食不够，就要反省使用是否有节制。古代的贤人按农时生产财富，巩固农业基础，节约开支，财用就富足。即使是古代的圣王，哪能使五谷年年丰收而不遭旱涝之灾呢？但他却没有挨饿受冻的百姓，这是什么缘故呢？因为他努力把农时抓得很紧，自奉又很节俭。《夏书》说：'大禹遭七年水灾。'《殷书》说：'商汤遭五年旱灾。'这时他们遭受的凶饿之灾厉害极了，但百姓不受冻挨饿，这是什么缘故呢？就是他们生财多，用财节俭。

“仓里没有储备粮食，不能抵御凶饥之灾；库里没有储备武器，即使是正义的也不能征讨不义的；内城和外城修得不完备，就不能自卫；思想上没有戒备的考虑，就不能应付突然的事变。这犹如庆忌没有戒备之心，就不能应付突变，轻出致死。夏桀没有防御商汤的准备，所以逃亡；殷纣没有防御周武王的准备，所以被杀。桀、纣贵为天子，富有天下，然而他们都灭亡于小国诸侯，这是什么缘故呢？就是有了富贵而不做任何准备。所以准备工作是国家的重要工作。粮食，是国家的宝贝；武器，是国家的爪牙；城郭，是用来防卫自己的：这三样东西，是国家必需具备的东西。所以说，用正常的差役，修治城郭，百姓劳累而不伤；用正常的田赋，征收租税，百姓费力而不苦。百姓所苦的不是这些，而是苦于官府大量搜刮百姓的财物。用最高的奖赏，去赐给无功的人；耗尽国库的财宝，去备办车马、衣裘和稀奇的玩物；折磨役卒和奴隶，去修建君王的宫室和观赏玩乐的场所。死了在棺材之外还要作多重的套棺，做很多衣裳。活着的时候修亭台楼榭，死的时候又大修坟墓。所以百姓由于常年在外劳役而非常痛苦，国库由于君主奢侈而消耗殆尽，君主满足不了享乐，百姓承受不了痛苦。所以国家遭遇外敌入侵就失败，百姓遇到凶饥之灾就死亡，这都是该有防患准备而没有准备的罪过。而且粮食是圣人珍爱的东西。所以《周书》说：'国无三年的粮食，国就不是他的国了；家无三年的粮食，儿子也就不是他的儿子了。'粮食的储备才算是国家的根本储备。"

辞　过

本篇从宫室、衣服、饮食、舟车、蓄私五个方面，用古今对比的方法说明了“俭节则昌，淫佚则亡”的道理，从而揭露出当时贵族统治者的奢侈浪费和享乐腐化，强调了俭节的重要意义。

墨子鲜明地指出：“富贵者奢侈，孤寡者冻馁。”他认为正是贵族统治者为了过骄奢淫佚的生活，“必厚作敛于百姓，暴夺民衣食之财”，才使得人民陷于“饥寒并至”的困境。墨子的这一思想认识，就当时来说，是非常尖锐而深刻的。他的“俭节”主张，有利于人民，是应该肯定的。

子墨子曰："古之民，未知为宫室时，就陵阜而居，堀穴而处，下润湿伤民，故圣王作，为宫室。为宫室之法，曰：'高足以辟润湿①，边足以圉风寒②，上足以待雪霜雨露，宫墙之高足以别男女之礼。'谨此则止③。凡费财劳力不加利者，不为也。是故圣王作为宫室，便于生，不以为观乐也。作为衣服带履，便于身，不以为辟怪也④。故节于身，诲于民，是以天下之民可得而治，财用可得而足。当今之主，其为宫室则与此异矣。必厚作敛于百姓，暴夺民衣食之财，以为宫室台榭曲直之望、青黄刻镂之饰。为宫室若此，故左右皆法象之⑤。是以其财不足以待凶饥，赈孤寡，故国贫而民难治也。君实欲天下之治而恶其乱也，当为宫室不可不节⑥。

"古之民，未知为衣服时，衣皮带茭⑦，冬则不轻而温⑧，夏则不轻而清⑨。圣王以为不中人之情⑩，故作诲妇人治丝麻、捆布绢⑪，以为民衣。为衣服之法：'冬则练

---

① 辟：通"避"。 ② 圉（yù 御）：通"御"。 ③ 谨：通"仅"。 ④ 辟：通"僻"。 ⑤ 法象：仿效。 ⑥ 当：这里与"则"义同，相当于"那么"。下同。 ⑦ 茭（jiāo 交）：草索。 ⑧ 轻而温：指又轻便又暖和的衣服。 ⑨ 轻而清（qìng 庆）：指又轻便又凉快的衣服。清：凉。 ⑩ 中（zhòng 众）：符合。 ⑪ 捆：束。

帛之中①，足以为轻且暖；夏则絺绤之中②，足以为轻且清。'谨此则止。故圣人为衣服，适身体，和肌肤而足矣，非荣耳目而观愚民也。当是之时，坚车良马不知贵也，刻镂文采不知喜也。何则？其所道之然③。故民衣食之财，家足以待旱水凶饥者④，何也？得其所以自养之情，而不感于外也。是以其民俭而易治，其君用财节而易赡也。府库实满，足以待不然；兵革不顿，士民不劳，足以征不服，故霸王之业可行于天下矣。当今之主，其为衣服则与此异矣。冬则轻暖，夏则轻清，皆已具矣，必厚作敛于百姓，暴夺民衣食之财，以为锦绣文采靡曼之衣⑤，铸金以为钩，珠玉以为珮，女工作文采，男工作刻镂，以为身服。此非云益暖之情也⑥。单财劳力⑦，毕归之于无用也。以此观之，其为衣服，非为身体，皆为观好。是以其民淫僻而难治，其君奢侈而难谏也。夫以奢侈之君御淫僻之民，欲国无乱，不可得也。君实欲天下之治而恶其乱，当为衣服不可不节。

"古之民，未知为饮食时，素食而分处⑧，故圣人作，诲男耕稼树艺，以为民食。其为食也，足以增气充虚、强

---

① 之中：即"是用"之意，"练帛是用"意为用熟绢。
② 絺（chī 痴）：细葛布。绤（xì 隙）：粗葛布。 ③ 道：通"导"。
④ "家"字疑当删去。 ⑤ 靡曼：华丽。 ⑥ 云：有。"之情"为"清"字之误。 ⑦ 单：通"殚"，尽。 ⑧ 素食：指食草木之实。

体适腹而已矣。故其用财节，其自养俭，民富国治。今则不然，厚作敛于百姓，以为美食刍豢，蒸炙鱼鳖。大国累百器，小国累十器，前方丈，目不能遍视，手不能遍操，口不能遍味。冬则冻冰，夏则饐𩞄①。人君为饮食如此，故左右象之。是以富贵者奢侈，孤寡者冻馁。虽欲无乱，不可得也。君实欲天下治而恶其乱，当为食饮不可不节。

"古之民，未知为舟车时，重任不移，远道不至，故圣王作为舟车，以便民之事。其为舟车也，完固轻利，可以任重致远。其为用财少而为利多，是以民乐而利之。故法令不急而行，民不劳而上足用，故民归之。当今之主，其为舟车与此异矣。完固轻利皆已具，必厚作敛于百姓，以饰舟车：饰车以文采，饰舟以刻镂。女子废其纺织而修文采，故民寒；男子离其耕稼而修刻镂，故民饥。人君为舟车如此，故左右象之。是以其民饥寒并至，故为奸邪。奸邪多则刑罚深，刑罚深则国乱。君实欲天下之治而恶其乱，当为舟车不可不节。

"凡回于天地之间②，包于四海之内，天壤之情③，阴

---

① 饐𩞄(ài yì 爱意)：食物经久腐臭变质。② 回：运转。③ 天壤：天上地下，概指客观世界事物存在的矛盾。情：情实，指真实性。

阳之和①，莫不有也。虽至圣不能更也。何以知其然？圣人有传：'天地也，则曰上下；四时也，则曰阴阳；人情也，则曰男女；禽兽也，则曰牡牝、雄雌也。'真天壤之情，虽有先王不能更也。虽上世至圣，必蓄私②，不以伤行，故民无怨。宫无拘女，故天下无寡夫。内无拘女，外无寡夫，故天下之民众。当今之君，其蓄私也，大国拘女累千，小国累百，是以天下之男多寡无妻，女多拘无夫。男女失时，故民少。君实欲民之众而恶其寡，当蓄私不可不节。

"凡此五者，圣人之所俭节也，小人之所淫佚也。俭节则昌，淫佚则亡。此五者不可不节。夫妇节而天地和，风雨节而五谷熟，衣服节而肌肤和。"

【翻译】

墨先生说："上古的人，不知道修建房屋的时候，凭借山丘、洞穴居住，由于地下潮湿伤害人体，所以圣王兴起，修建房屋。那时修建房屋的原则，就是：'地基的高度能够避免潮湿，四周能够防御风寒，上面可以抵挡雪霜雨露，屋内墙的高度可以使男女之间按礼有所间隔。'

① 阴阳之和：指阴阳两方面的协调。② 私：指妾媵（媵是从嫁的女子等）。

到此就为止了。凡是耗费财力而不增加利益的事，是不做的。所以圣王修建房屋，是为了便于生活，不是用来作观赏享乐的。制作衣服、带子、鞋子等，是为了便于身体，不是用来显示怪异的，所以节用首先从圣王自身做起，然后教导百姓。这样天下的百姓可以安定，财用可以充足。现在的君主，建造房屋，就跟这不同了。必定要向百姓征收重税，残酷地夺取百姓穿衣吃饭的钱，用来修建宫室台榭，成为曲折多姿的雄伟建筑，并用彩色和雕刻作装饰。君主修建房屋如此，所以近臣都仿效他。这样他们的财物不足应付凶饥，救济孤寡，所以国家贫穷，百姓难以安定。君主真的希望天下安定，憎恶天下混乱，那么修建房屋就不可不节制。

“上古的人，不知道制作衣服的时候，穿兽皮，围草索，冬天穿不上又轻便又暖和的衣服，夏天穿不上又轻便又凉快的衣服。圣王认为这不符合人的常情，所以开始教导妇人治丝麻、织布绢，用来做百姓的衣服。做衣服的原则：‘冬天就用熟绢，可以做又轻便又暖和的衣服；夏天就用葛布，可以做又轻便又凉快的衣服。’到此就为止了。所以圣人做衣服，适合身体，使肌肤舒适就足够了，不是要光彩夺目来让愚民观赏的。那个时候，坚车良马，不晓得珍贵；雕刻锦绣，不晓得喜爱。这是什么缘故呢？由于圣人引导百姓如此。百姓有穿衣吃饭的资财，就足以应付旱涝凶饥之灾，这是什么缘故呢？是因为百姓懂得自己养活自己的道理，而不受外来的影响了。百姓俭朴就容易治理，君主用财节省就容易富足了。官府的仓库满登登的，足以应付非常之变；武器不坏，士民不劳，足以征讨不服之国，因此霸王之业就可行于天下了。现在的君主，制做衣服就跟这不同了。冬天穿轻便暖和的衣服，夏天穿轻便凉快的衣服，这一切本都已具备了，一定还要向百姓征收重税，残酷地夺取百姓穿衣吃饭的钱，用来制作豪华美丽的衣服，并用熔炼金属来做带钩，用珠玉来做珮饰；女工作刺绣、男工作雕刻，用来制作身上的穿戴。这就不能说对自身的暖和、凉快有用了。耗尽财力费尽人力，完全归之于无用。由此看来，这种君主制作衣服，不是为了身体，而都是为了看着漂亮。因此这种国家的百姓奸巧，难于治理，这种国家的君主奢侈，难于规劝。用奢侈的君主去治理奸巧的百姓，想国家不乱，是不可能的。君主真的希望天下安定，憎恶天下混乱，那么制作衣服就不可不有所节制。

“上古的人，不知道制作饮食的时候，以山果野菜为食分散居住，所以圣人兴起，教男子种庄稼栽果树，用来作百姓的食物。圣人做食品，只不过能够增气充虚、强身安腹而已。所以他用财节约，他自己的日常供养也很俭省，百姓富足国家安定。现在的君主就不像这样了，大量向百姓征收重税，用来办制美食牛羊犬豕，蒸烤鱼鳖。大国堆积百器，小国堆积十器，面前各种食品摆在一丈见方的地方，眼不能全面看到，手不能全面拈取，口不能全面品尝。吃不完的食物，冬天就冻结成冰，夏天就变质腐臭。君主做饮食是这样，所以近臣仿效他。因此富贵的人奢侈，孤寡的人挨冻受饿。即使希望不乱，也是不可能的。君主真的希望天下安定，憎恶天下混乱，那么制作饮食就不可不有所节制。

“上古的人，不知道造车船的时候，重的物件不能移动，远的地方不能到达，所以圣王制造车船，以便百姓运行。他们造车船，完备坚固轻巧便利，可以运载重物到达远方。花钱少而得利多，因此百姓喜欢利用它。法令不催促就施行了，百姓不劳累而君主的财用充足，所以百姓都归附于他。现在的君主制造车船，跟原先不同了。车船的完备坚固轻巧便利都已经具备了，一定还要向百姓征收重税，用来装饰车船：以刺绣来装饰车，以雕刻来装饰船。使得妇女放弃自己的纺织去从事刺绣，因而百姓受冻；男子离开他的耕种去从事雕刻，因而百姓挨饿。君主造车船如此，所以近臣都仿效他。百姓饥寒交迫，所以去为非作歹。为非作歹多，刑罚就重，刑罚重，国家就乱。君主真的希望天下安定，憎恶天下混乱，那么制造车船就不可不节制。

“一切运动于天地之间，包容于四海之内的事物，无不存在客观矛盾的真实性，以及阴阳两方面的协调统一。即使是最伟大的圣人，也不能加以更改。怎么知道它是这样呢？圣人有记载：‘说天地，就称上下；说四季，就称阴阳；说人的性别，就称男女；说禽兽，就称牡牝、雄雌。’确实一切事物无不具有客观矛盾的真实性，虽有先王，也不能更改。即使是古代最伟大的圣人，也一定要蓄养妾媵，但不因此而有损于品行，所以百姓无怨。宫内没有被拘禁的女子，所以天下没有单身汉。宫内没有被拘禁的女子，宫外没有单身汉，所以天下的人民众多。现在的君主，他蓄养妾媵，大国拘禁女子积聚上千，小国拘禁女子积聚上百，因此天下的男子多是单身汉而没有妻子，女子多被拘禁而没有丈夫。男女错过婚嫁生育的时机，所以天下的人民减少。君主真的希望人民多，憎恶人民少，那么蓄养妾媵就不可不节制。

“上述这五件事，是圣人所节俭的事，是小人所奢侈的事。节俭就昌盛，奢侈就灭亡。这五件事不可不节制。夫妇关系调节好就能使天下和悦，风调雨顺就能使五谷丰登，衣服合宜就能使肌肤舒适。”

尚 贤 上

“尚贤”，即崇尚贤人。这是墨学的纲领之一。

墨子在本篇明确提出了“尚贤者，政之本也”的主张。他认为，要想国家富、人民多、政治清明，就必须尚贤，把有德有能的人选拔上来，不管他们与王公大人的关系如何，不管他们的出身地位是否贫贱低微，“虽在农与工肆之人，有能则举之”。同时，把那些无德无能的人，统统撤下去。所以“官无常贵，而民无终贱”。墨子不仅提出了贤人的标准，而且论述了怎样使贤人增多的方法。他认为贤人是国家的宝贝。

墨子的这一思想有它的进步意义，它对世

袭贵族的特权思想，客观上是一个挑战，这符合当时人民的愿望。

子墨子言曰："今者王公大人为政于国家者①，皆欲国家之富、人民之众、刑政之治。然而不得富而得贫，不得众而得寡，不得治而得乱，则是本失其所欲，得其所恶。是其故何也？"子墨子言曰："是在王公大人为政于国家者不能以尚贤事能为政也。是故国有贤良之士众，则国家之治厚；贤良之士寡，则国家之治薄。故大人之务，将在于众贤而已。"②

曰："然则众贤之术将奈何哉？"子墨子言曰："譬若欲众其国之善射御之士者，必将富之，贵之，敬之，誉之，然后国之善射御之士，将可得而众也。况又有贤良之士，厚乎德行，辩乎言谈，博乎道术者乎！此固国家之珍而社稷之佐也，亦必且富之，贵之，敬之，誉之，然后国之良士，亦将可得而众也。"

是故古者圣王之为政也，言曰："不义不富，不义不贵，不义不亲，不义不近。"是以国之富贵人闻之，皆退而谋曰："始我恃者，富贵也。今上举义而不辟贫贱③，然则

---

① 王公大人：指国君及其最高级官员。② 将：乃，就。③ 辟：通"避"。不辟：不避开，不排斥。

我不可不为义。”亲者闻之，亦退而谋曰：“始我所恃者，亲也，今上举义不辟疏，然则我不可不为义。”近者闻之，亦退而谋曰：“始我所恃者近也，今上举义不辟远，然则我不可不为义。”远者闻之，亦退而谋曰：“我始以远为无恃，今上举义不辟远，然则我不可不为义。”逮至远鄙郊外之臣、阙庭庶子①、国中之众、四鄙之萌人闻之②，皆竞为义。是其何故也？曰：上之所以使下者，一物也③；下之所以事上者，一术也④。譬之富者，有高墙深宫，墙立既谨⑤，上为凿一门。有盗人入，阖其自入而求之，盗其无自出。是其故何也？则上得要也。

故古者圣王之为政，列德而尚贤。虽在农与工肆之人，有能则举之。高予之爵，重予之禄，任之以事，断予之令。曰爵位不高，则民弗敬；蓄禄不厚，则民不信；政令不断，则民不畏。举三者授之贤者，非为贤赐也，欲其事之成。故当是时，以德就列，以官服事，以劳殿赏⑥，量功而分禄。故官无常贵而民无终贱。有能则举之，无能则下之。举公义，辟私怨。此若言之谓也⑦。

---

① 阙庭庶子：指王宫中宿卫之官。 ② 萌：通“氓”。萌人：人民。 ③ 物：事。 ④ 术：途。 ⑤ 既谨：即“塈墐（jì jìn既近）”，意为用泥涂墙。 ⑥ 殿：定。 ⑦ 此若：这里的“若”也是“此”的意思，二字连言，是古人的复语。

故古者尧举舜于服泽之阳①，授之政，天下平。禹举益于阴方之中②，授之政，九州成。汤举伊尹于庖厨之中，授之政，其谋得。文王举闳夭、泰颠于罝罔之中③，授之政，西土服。故当是时，虽在于厚禄尊位之臣，莫不敬惧而施；虽在农与工肆之人，莫不竞劝而尚意④。故士者，所以为辅相承嗣也⑤。故得士则谋不困，体不劳，名立而功成，美章而恶不生⑥，则由得士也。

是故子墨子言曰："得意，贤士不可不举；不得意，贤士不可不举。尚欲祖述尧舜禹汤之道⑦，将不可以不尚贤。夫尚贤者，政之本也。"

【翻译】

墨先生说："现在掌握国家政权的王公大人，都希望国家富，人民多，政治清明。但事实上他们得到的不是国家富而是国家穷，不是人民多而是人民少，不是政治清明而是政治混乱，那就是他们所希望的没有得到，却得到了他们所憎恶的。这个原因在哪里呢？"墨先生接

---

① 服泽：地名，未详其地。阳：指山的南面，水的北面。② 益：伯益。 ③ 闳（hóng 宏）夭、泰颠：都是周初文王的辅臣。罝（jū 苴）：捕兽的网。罔：同"网"。罝罔，这里代指猎人、渔人。 ④ 意：志。 ⑤ 辅相：辅佐大臣。 ⑥ 章：通"彰"。⑦ 尚：通"上"。

着回答说:“这就在于掌握国家政权的王公大人不能以尊重贤人任用能人的办法来管理政治。国家拥有的贤良之士多,治理国家的力量就雄厚;贤良之士少,治理国家的力量就薄弱。因此,王公大人的重要任务,就只在于使贤良之士增多而已。”

有人问:“那么该怎样才能使贤良之士增多呢?”墨先生说:“譬如想要使国内善于射箭、驾车的人增多,就必须首先使这些人财产多,地位高,尊敬他们,表扬他们,然后国内善于射箭、驾车的人才可能增多。况且贤良之士是德行高、口才好、学识广博的呢!这些人本来是国家的宝贝、朝廷的栋梁,也必须使他们俸禄多,地位高,尊敬他们,表扬他们,然后国内的贤士也才可能增多。”

因此,古代圣王执政的时候,总是说:“不义的人不给他厚的俸禄,不义的人不给他高的爵位,不义的人不跟他亲密,不义的人不跟他接近。”所以国内富贵的人听了,都私下商量说:“起初我们依赖的是富贵。现在主上选拔义士不避开贫贱的人,那么我们不可不行义了。”同君主有亲戚关系的人听到了,也私下商量说:“起初我们依赖的是亲戚,现在主上选拔义士不避开没有亲戚关系的人,那么我们不可不行义了。”同君主亲近的人听到了,也私下商量说:“起初我们依赖的是同主上亲近,现在主上选拔义士不避开疏远的人，那么我们不可不行义了。”同君主离得远的人听到了，也私下商量说：“起初我们以为同主上离得远，无所恃，现在主上选拔义士不避开离得远的人，那么我们不可不行义了。”直到城外边远地方的臣子、宫中的宿卫、城里的群众、边疆的人民听到这话，都争着行义。这是什么缘故呢？这是由于国君任用臣下只有“尚贤”这一个标准，臣下效劳于国君只有“为义”这一个途径。好比富贵人家有高高的围墙，深深的庭院，墙建成后用泥涂抹，墙上只开一个门。若有偷儿进门，只要关上门来搜寻，偷儿就无从逃出。这是什么缘故呢？就是由于抓住了关键。

所以古代圣王执政，总是把有德的人安置在很高的职位上，重用贤人。即使务农和做工的人，只要有才能就选拔他。给他很高的爵位，给他很厚的俸禄，委任他重要的职位，授予他决断政令的权限。就是说：爵位不高，人民就不会尊敬；俸禄不厚，人民就不会相信；政令不能决断，人民就不会畏惧。拿爵位、俸禄、政令这三者授予贤人，并不是为了赏赐贤人，而是要求他们把治理国家的事办好。所以在这个时候，要以品德安排职位，按官职给予权限，依劳绩定奖赏，量功勋分俸禄。所以官吏就不会永远尊贵，贫民就不会永远卑贱。有才能就把他提拔起来，没有才能就把他放下去。兴公义，除私怨。以上所说的就是这个意思。

所以古时唐尧从服泽的北面选用了舜,交给他政权,天下就太平了。夏禹从阴方地区选用了伯益,交给他政权,九州就安定了。商汤从厨师中选拔了伊尹,交给他政权,汤的计划就实现了。周文王从猎人渔夫中选拔了闳夭、泰颠,交给他政权,西方各小国都归服了。所以在这个时候,即使是禄厚爵高的大臣,也没有人不兢兢业业用心办事;即使是务农做工的人,也没有人不争相劝勉使其志趣高尚。所以贤士是用来做国君的辅佐大臣或继承人的。因此只要得到贤士,计谋不致困惑,身体不必劳苦,就可成名立业,好事能更加发扬,坏事不致产生,这就是由于得到贤士的缘故。

因此墨先生说:“国君得志的时候,不可不提拔贤士;不得志的时候,更不可不提拔贤士。君上要遵循尧、舜、禹、汤的政策,那就不可不崇尚贤人。尚贤,是政治的根本。”

尚 同 上

“尚同”，也是墨子针对当时“国家混乱”而提出的政治纲领。

墨子的“尚同”即“上同”，就是说人们的一切意见要统一于上级，从地方的一乡一里到天下，都要统一于他们的长官，下级都要逐级统一于上级，直到天子统一于“天”。墨子认为，天下乱的原因，是由于没有好的首领，人们的意见不能统一，所以他宣传“尚同”。主张从一乡之长到天子，都应该选择“仁人”、“贤可者”来担当，下级上同于上级，天子也要上同于“天”，从而建立一个权力统一、强而有力的政治体系。墨子这种政治观点，跟“尚贤”有着内在的联系，有它积极进步的意义，但“上同于天”的思想反映了他世界观中的唯心主义成分。

子墨子言曰：“古者民始生，未有刑政之时，盖其语，人异义。是以一人则一义，二人则二义，十人则十义。其人兹众①，其所谓义者亦兹众。是以人是其义，以非人之义，故交相非也。是以内者父子兄弟作怨恶离散，不能相和合；天下之百姓，皆以水火毒药相亏害。至有余力，不能以相劳②；腐死余财③，不以相分；隐匿良道，不以相教。天下之乱，若禽兽然。

“夫明虖天下之所以乱者④，生于无政长⑤，是故选择天下之贤可者，立以为天子。天子立，以其力为未足，又选择天下之贤可者，置立之以为三公⑥。天子、三公既以立⑦，以天下为博大，远国异土之民，是非利害之辨，不可一二而明知⑧，故画分万国，立诸侯国君。诸侯国君既已立，以其力为未足，又选择其国之贤可者，置立之以为正长⑨。正长既已具，天子发政于天下之百姓，言曰：‘闻

---

① 兹：通“滋”，越。 ② 劳：佑助。 ③ 死(xiǔ 朽)：腐烂，同“朽”。 ④ 虖：同“乎”，于。 ⑤ 政：通“正”。 ⑥ 三公：周代以太师、太傅、太保为三公。 ⑦ 以：通“已”。 ⑧ 一二：一一，逐一。 ⑨ 正长：这里的“正长”包括在朝廷任职的卿大夫和乡里之长。

善而不善[1]，皆以告其上。上之所是，必皆是之；上之所非，必皆非之。上有过则规谏之，下有善则傍荐之[2]。上同而不下比者[3]，此上之所赏而下之所誉也。意若闻善而不善不以告其上，上之所是弗能是上之所非弗能非，上有过弗规谏下有善弗傍荐，下比不能上同者，此上之所罚而百姓之所毁也。'上以此为赏罚，甚明察以审信。是故里长者，里之仁人也。里长发政里之百姓，言曰：'闻善而不善，必以告其乡长。乡长之所是，必皆是之；乡长之所非，必皆非之。去若不善言[4]，学乡长之善言；去若不善行，学乡长之善行。'则乡何说以乱哉？察乡之所以治者何也？乡长唯能壹同乡之义，是以乡治也。乡长者，乡之仁人也。乡长发政乡之百姓，言曰：'闻善而不善，必以告国君。国君之所是，必皆是之；国君之所非，必皆非之。去若不善言，学国君之善言；去若不善行，学国君之善行。'则国何说以乱哉？察国之所以治者何也？国君唯能壹同国之义，是以国治也。国君者，国之仁人也。国君发政国之百姓，言曰：'闻善而不善，必以告天子。天子之所是，皆是之；天子之所非，皆非之。去若不善言，学天子之善言；去若不善行，学天子之善

① 而：与。 ② 傍：通"旁"，广的意思。 ③ 比：勾结。 ④ 若：你。

行。’则天下何说以乱哉？察天下之所以治者何也？天子唯能壹同天下之义，是以天下治也。

“天下之百姓皆上同于天子而不上同于天，则灾犹未去也①。今若天飘风苦雨②，溱溱而至者③，此天之所以罚百姓之不上同于天者也。”

是故子墨子言曰：“古者圣王为五刑④，请以治其民⑤，譬若丝缕之有纪⑥，网罟之有纲⑦，所以连收天下之百姓不尚同其上者也。”

【翻译】

墨先生说：“古代，在人类开始出现，还没有国家法令的时候，人们说的话，各人有各人的意见。因此，一个人就有一个意见，两个人就有两个意见，十个人就有十个意见。人越多，他们的意见也就越多。所以各人都以为自己的意见正确，否定别人的意见，因而彼此间互相非议。因此在家内父子兄弟产生怨恨分离，不能和睦团

---

① “灾”上依中篇当有“天”字。 ② 飘风：暴风。苦雨：霖雨。 ③ 溱溱（zhēn 真）：众多，频繁。 ④ 五刑：即墨、劓（yì 艺）、剕（fèi 费）、宫、大辟五种刑罚。墨：额上刻字，并染上黑色，作为标志。劓：割去鼻子。剕：断足。宫：古代破坏生殖机能的酷刑。大辟：死刑。 ⑤ 请：诚，的确。 ⑥ 纪：丝缕的头绪。 ⑦ 纲：网上的总绳。

结；天下的百姓，都用水火毒药互相残害。以至人有余力，不能用来互相帮助；有多余的物资宁肯让他腐烂，不愿分给别人；把很好的经验隐藏起来，不肯传授给别人。天下之乱，如同禽兽一样。

"懂得天下乱的原因，产生于没有领袖，所以选择天下的贤良之士，立为天子。天子既立，认为自己的力量不足，又选择天下的贤良之士，立他们作为辅助天子掌握军政大权的三公。天子、三公既立，由于地域广阔，对远方异域的人民及其对是非利害的辨别，不能一一明白了解，所以划分众多的诸侯国，立诸侯国君。诸侯国君既已立了，认为自己的力量不足，又选择自己诸侯国的贤良之士，立他们作为各级的长官。各级的长官既已设立了，天子向天下的百姓发布政令，说：'无论听到好的言行与不好的言行，都要报告给自己的国君。君上所赞成的，一定都赞成它；君上所反对的，一定都反对它。君上有过错就规劝他，臣下有好人好事就全面地向国君推荐。对上跟天子保持一致而不在下面勾结坏人，这是天子所赞赏的，也是百姓所称誉的。假若听到好的言行与不好的言行不报告给自己的国君，国君赞成的自己不能赞成，国君反对的自己不能反对，君上有过错不规劝，臣下有好人好事不全面地向国君推荐，在下面勾结坏人不能与国君保持一致，这就是天子所惩罚的，也是百姓所痛斥的了。'天子按照这个政令来行使赏罚，就能明察下情而且审慎可靠。因此，里长是全里的仁人。里长向全里的百姓发布政令，说：'无论听到好的言行与不好的言行，都必须报告给自己的乡长。乡长所赞成的，必须都赞成它；乡长所反对的，必须都反对它。去掉你不好的言论，学习乡长的好言论；改掉你不好的行为，学习乡长的好行为。'那么全乡哪里还会混乱呢？考察乡能安定的原因是什么呢？就是由于乡长能统一全乡的意见，所以乡才安定。乡长，是全乡的仁人啊。乡长向全乡的百姓发布政令，说：'无论听到好的言行与不好的言行，都必须报告给国君。凡是国君赞成的，必须都赞成它；国君反对的，必须都反对它。去掉你不好的言论，学习国君的好言论；改掉你不好的行为，学习国君的好行为。'那么全国哪里还会混乱呢？考察诸侯国安定的原因是什么？就是由于国君能统一全国人民的意见，所以诸侯国才安定。国君，是全诸侯国的仁人啊。国君向全诸侯国的百姓发布政令，说：'无论听到好的言行与不好的言行，都必须报告给天子。天子所赞成的，大家都赞成；天子所反对的，大家都反对。去掉你不好的言论，学习天子的好言论；改掉你不好的行为，学习天子的好行为。'那么天下哪里还会混乱呢？考察天下安定的原因，就是由于天子能统一天下百姓的意见，所以天下才安定。

“天下的百姓都统一于天子，而不对上统一于天，那么灾祸还是不能免掉。现在天有暴风、霖雨，频繁而来，这就是天处罚百姓不上同于天的办法。”

因此墨先生说：“古代圣王制定五种刑罚，确实是用来统治他的人民的，好比丝有拴丝的头绪，网有提网的总绳一样，是用来控制天下不肯统一于上级的百姓的。”

兼爱中(节选)

“兼爱”是墨学的一个重要纲领。墨子所谓“兼爱”,就是爱人如爱己,要天下的人都彼此相亲相爱。这一学说,对于反抗当时的贵族道德有一定的历史进步意义。

当然,墨子把诸侯攻战、天下混乱的根源,简单归之于某些人的“不相爱”,希望以“兼相爱,交相利”的办法,去达到“诸侯不野战”的目的,是主观而不符合历史实际的。他把当时父子、兄弟之间的关系和国君、人民之间的关系相提并论,显然也是不正确的。

子墨子言曰:“仁人之所以为事者,必兴天下之利,除去天下之害，以此为事者也。”然则天下之利何也？天下之害何也？子墨子言曰：“今若国之与国之相攻，家之与家之相篡，人之与人之相贼，君臣不惠忠，父子不慈孝，兄弟不和调，此则天下之害也。”然则崇此害亦何用生哉①？以相爱生耶？子墨子言曰：“以不相爱生。今诸侯独知爱其国，不爱人之国。是以不惮举其国，以攻人之国；今家主独爱其家②，而不爱人之家，是以不惮举其家，以篡人之家；今人独知爱其身，不爱人之身，是以不惮举其身，以贼人之身。是故诸侯不相爱则必野战，家主不相爱则必相篡，人与人不相爱则必相贼，君臣不相爱则不惠忠，父子不相爱则不慈孝，兄弟不相爱则不和调。天下之人皆不相爱，强必执弱，众必劫寡，富必侮贫，贵必敖贱③，诈必欺愚。凡天下祸篡怨恨其所以起者，以不相爱生也，是以仁者非之。”

既以非之④，何以易之？子墨子言曰：“以兼相爱、交相利之法易之。”然则兼相爱、交相利之法将奈何哉？子墨子言：“视人之国若视其国，视人之家若视其家，视人之身若视其身。是故诸侯相爱则不野战，家主相爱则不相篡，人与人相爱则不相贼，君臣相爱则惠忠，父子相爱

---

① 崇：“察”字之误。用：因。 ② 家主：指有封邑的卿大夫。 ③ 敖：通“傲”，一本作“傲”。 ④ 以：通“已”。

则慈孝，兄弟相爱则和调。天下之人皆相爱，强不执弱，众不劫寡，富不侮贫，贵不敖贱，诈不欺愚。凡天下祸篡怨恨可使毋起者，以相爱生也，是以仁者誉之。”

然而天下之士君子曰：“然，乃若兼则善矣①。虽然，天下之难物于故也。”②子墨子言曰：“天下之士君子特不识其利、辩其故也③。今若夫攻城野战，杀身为名，此天下百姓之所皆难也。苟君说之④，则士众能为之。况于兼相爱、交相利⑤，则与此异。夫爱人者人必从而爱之，利人者人必从而利之，恶人者人必从而恶之，害人者人必从而害之。此何难之有？特上弗以为政，士不以为行故也。昔者晋文公好士之恶衣，故文公之臣皆牂羊之裘⑥，韦以带剑，练帛之冠，且苴之屦⑦，入以见于君，出以践于朝。是其故何也？君说之，故臣为之也。昔者楚灵王好士细要⑧，故灵王之臣皆以一饭为节，胁息然后带⑨，扶墙然后起。比期年，朝有黧黑之色⑩。是其故何也？君说之，故臣能之也。昔越王勾践好士之勇，教驯

---

① 乃若：如果。 ② 物：事。于：通“迂”，远。故：事。 ③ 辩：通“辨”，辨明。 ④ 说（yuè 阅）：通“悦”。 ⑤ 况：比。下文同。 ⑥ 牂（zāng 脏）羊：母羊。 ⑦ 且苴（cū jū 粗居）：即粗麻。屦（jù 据）：古时用麻、葛制成的鞋。 ⑧ 要：同“腰”。 ⑨ 胁息：吸气，屏息。带：紧束腰带。 ⑩ 黧（lí 黎）：黑。

其臣，和合之焚舟失火①，试其士曰：‘越国之宝尽在此。’越王亲自鼓其士而进之。其士闻鼓音，破碎乱行，蹈火而死者，左右百人有馀。越王击金而退之。”是故子墨子言曰：“乃若夫少食恶衣，杀身而为名，此天下百姓之所皆难也。若苟君说之，则众能为之。况兼相爱、交相利，与此异矣。夫爱人者人亦从而爱之，利人者人亦从而利之，恶人者人亦从而恶之，害人者人亦从而害之。此何难之有焉？特上不以为政，而士不以为行故也。”

……

【翻译】

墨先生说：“仁人办事的准则，一定是兴天下的利，除天下的害，用这个准则办事。”那么，天下的利是什么？天下的害是什么呢？墨先生说：“现在如果国与国互相攻打，家与家互相夺取，人与人互相杀害，君不施惠于臣，臣不尽忠于君，父不爱子，子不孝父，兄弟不和睦，这就是天下的大害。”那么考察这害是因什么原因产生的呢？是由人相爱而产生的吗？墨先生说：“是由不相爱而产生的。现在的诸侯只知道爱自己的国，不爱别人的国，所以不顾一切地用自己的国，去攻打别人的国；现在

① 和合之：疑当作“私令人”。私：暗地里。

的卿大夫只知道爱自己的家，不爱别人的家，所以不顾一切地用自己的家，去夺取别人的家；现在的人只知道爱自己的身体，不爱别人的身体，所以不顾一切地用自己的身体，去伤害别人的身体。因此诸侯不相爱就必然会打仗，卿大夫不相爱就必然互相夺取，人与人不相爱就必然互相伤害，君臣不相爱就必然不惠不忠，父子不相爱就必然不慈不孝，兄弟不相爱就一定不和睦。天下的人都不相爱，强的必然会控制弱的，人多的必然会强迫人少的，富的必然会欺侮穷的，地位高的必然会傲视地位低的，狡猾的必然会欺骗老实的。天下一切祸乱、夺取、哀怨、仇恨等事产生的原因，都是由不相爱引起来的，所以仁人反对不相爱。”

既然反对不相爱，该用什么方法来改变它呢？墨先生说：“用兼相爱、交相利的方法来改变它。”那么兼相爱、交相利的方法是怎样的呢？墨先生说：“把别人的国看得像自己的国一样，把别人的家看得像自己的家一样，把别人的身体看得像自己的身体一样。因此诸侯相爱就不会打仗，大夫相爱就不会互相夺取，人与人相爱就不会互相伤害，君臣相爱就会有惠有忠，父子相爱就会有慈有孝，兄弟相爱就会和睦。天下的人都相爱，强的就不会控制弱的，人多的就不会强迫人少的，富的就不会欺侮穷的，地位高的就不会傲视地位低的，狡猾的就不会欺骗老实的。天下一切祸乱、夺取、哀怨、仇恨等事可使它不发生,就是由相爱而来的。所以仁人要称赞兼相爱。”

然而现在天下的士君子说:“对,如果能兼爱,那就好了。虽是这样,但这是天下难以办到的事。”墨先生说:“天下的士君子只是没有认识兼爱的好处、懂得它的道理罢了。至于攻城打仗,为了成名而牺牲性命,这是天下百姓都认为难办的事。如果君主喜欢这样,那臣民就能照着做。拿兼相爱、交相利来相比,就与这不同。爱别人,别人一定会爱他;使别人有利的,别人一定会使他有利;憎恶别人的,别人一定要憎恶他;害别人的,别人一定要害他。这有什么困难呢?只是君主不把这事当作应办的政务,士君子不把这事当作应做的事来实践才如此啊。从前晋文公喜欢臣下穿不好的衣服,所以他的臣子都身穿老羊皮,用牛皮带佩挂宝剑,头戴粗丝帽,脚穿粗麻鞋,进宫就参见君主,出来就行走于朝廷。这是什么缘故?因为君上喜欢这样,所以臣子就这样做。从前楚灵王喜欢臣下的腰长得细,所以他的臣子都用每天只吃一顿饭的办法来节制,先屏住气息,然后紧束腰带,扶着墙壁才能走动。到了一年,满朝的官员人瘦面黑。这是什么缘故?因为君上喜欢这样,所以臣下就这样做。从前越王勾践喜欢臣下勇敢,为了教育训练他的臣子响应他的号召，他暗地里派人放火把船烧着了，想用来考验他的臣下，说道：'越国的珍宝都在这里面。'他亲自擂鼓催促士臣上前救火。他的士臣听到鼓声，不顾队列，争先救火，结果投身救火而被烧死的，身边的臣子就有一百多人。越王这才鸣锣叫他们退下来。"所以墨先生说："至于吃得少、穿得坏，为成名而牺牲性命，这是天下老百姓都认为难办的事，如果国君喜欢这样，那么大家就能这样做。拿兼相爱、交相利来相比，就与这不同。爱别人的，别人就会爱他；使别人有利的，别人就会使他有利；憎恶别人的，别人也就要憎恶他；害别人的，别人也就要害他。这有什么困难呢？只是君主不把这事当作应办的政务，士君子不把这事当作应做的事来实践才如此啊。"

……

非 攻 上

“非攻”是墨子针对当时“国家务夺侵凌”而宣传的纲领之一。

墨子把战争分为两类：一类是大国攻小国、强国攻弱国的战争，他叫做“攻”。他认为这种战争给人民群众带来无穷的灾难，是“天下之巨害”，所以他坚决反对。一类是讨伐暴虐害民之君的战争，如汤伐桀，武王伐纣，他叫做“诛”。他认为这种战争与“攻”不同，它能使社会安定，所以他非常赞成。墨子在《非攻上》生动详尽地论证了进攻别国是最大的“亏人自利”，是盗窃行径。这是研究墨学的一篇重要资料。

从当时的社会历史发展来看，墨子的“非

攻”的主张同历史的发展存在一定的矛盾。历史发展要求从分散割据走向政治统一，而结束分散割据就必然要通过兼并战争。历史总是沿着必然的规律向既定的方向发展，而墨子当时不可能认识到这一点。但本篇关于“义”与“不义”之辩，以及揭露战争造成的灾难，对于全面评价墨子的思想，认识当时的社会现实，都有一定的意义。

今有一人，入人园圃，窃其桃李，众闻则非之，上为政者得则罚之。此何也？以亏人自利也。至攘人犬豕鸡豚者①，其不义又甚入人园圃窃桃李。是何故也？以亏人愈多，其不仁兹甚②，罪益厚。至入人栏厩③取人马牛者，其不仁义又甚攘人犬豕鸡豚。此何故也？以其亏人愈多。苟亏人愈多，其不仁兹甚，罪益厚。至杀不辜人也，扡其衣裘④，取戈剑者，其不义又甚入人栏厩，取人马牛。此何故也？以其亏人愈多。苟亏人愈多，其不仁兹甚矣，罪益厚。当此，天下之君子皆知而非之，谓之不义。今至大为攻国，则弗知非，从而誉之，谓之义。此可

---

① 攘（rǎng 壤）：盗窃。 ② 兹：通“滋”，愈加。下文同。 ③ 厩（jiù 救）：马房。 ④ 扡（tuō 拖）：同“拖”，夺。

谓知义与不义之别乎？

杀一人，谓之不义，必有一死罪矣。若以此说往，杀十人，十重不义，必有十死罪矣；杀百人，百重不义，必有百死罪矣。当此，天下之君子皆知而非之，谓之不义。今至大为不义攻国，则弗知非，从而誉之，谓之义。情不知其不义也[①]，故书其言以遗后世。若知其不义也，夫奚说书其不义以遗后世哉[②]？

今有人于此，少见黑曰黑，多见黑曰白，则必以此人为不知白黑之辩矣[③]；少尝苦曰苦，多尝苦曰甘，则必以此人为不知甘苦之辩矣。今小为非，则知而非之；大为非攻国，则不知而非，从而誉之，谓之义。此可谓知义与不义之辩乎？是以知天下之君子也辩义与不义之乱也[④]！

【翻译】

现在有一个人，钻进别人的果园，偷了人家的桃子、李子，大家听到了就责备他，上面执政的人捉住了就处罚他。这是什么缘故？因为他损人利己。至于偷别人的鸡、狗、猪或小猪儿的人，他的不义又超过钻进别人果

---

① 情：通“诚”，的确。 ② 奚说：何说，怎么解释。 ③ 辩：通“辨”，下同。 ④“君子”下“也”字是多余的。

园偷桃子李子的。为什么呢？因为他损害别人的越发多了，他的不义就愈甚，罪就更重。至于钻进别人牛圈马棚，偷人家的牛马的，他的不义更超过偷鸡、狗、猪或小猪儿的。为什么呢？因为他损害别人的越发多了。如果损害别人的越多，他的不义就愈甚，罪也就越重。至于杀死无罪者，夺取衣裘，抢劫戈剑的人，他的不义更超过钻进别人牛圈马棚偷了牛马的人。为什么呢？因为他损害别人的越发多了。如果损害别人的越多，他的不仁就愈甚，罪就越重。对于这些，天下的君子都知道反对，指责他是“不义”。可是现在最大的不义是进攻别国，却不知道反对，还进而加以赞扬，称之为“义”。这能说是懂得“义”与“不义”的区别吗？

杀了一个人，说他不义，必定有一条死罪了。如果照这种说法类推，杀了十个人，就是十倍的不义，那必定有十条死罪了；杀了一百个人，就是百倍的不义，必定有一百条死罪了。对于这种行为，天下的君子都知道反对，称之为“不义”。现在最大的不义，是进攻别国，却不知道去反对，还进而加以赞扬，称之为“义”。那大概是真的不知道这是不义，所以把那些颂扬不义的话记在书上，传于后世。如果知道这是不义，怎么解释把那些颂扬不义的话记在书上，传于后世呢？

现在这里有一个人，看到一点儿黑就说是黑，而看到一片黑却说是白，大家一定以为这个人是不知白和黑的区别了；尝到一点点苦味就说是苦，尝到很多苦味却说是甜，大家一定以为这个人是不懂苦和甜的区别了。现在见人做了很小一点坏事，就知道应该反对，但做了像进攻别国那样大的坏事，却不知道应该反对，还进而加以赞扬，称之为“义”。这能算懂得“义”与“不义”的区别吗？由此可知，天下的君子对于“义”与“不义”的分辨是多么混乱啊！

非攻下（节选）

今逮夫好攻伐之君，又饰其说以非子墨子曰："子以攻伐之为不义，非利物与①？昔者禹征有苗，汤伐桀，武王伐纣，此皆立为圣王，是何故也？"子墨子曰："子未察吾言之类，未明其故者也。彼非所谓'攻'，所谓'诛'也。昔者有三苗大乱，天命殛之②。日妖宵出③，雨血三朝，龙生于庙，犬哭乎市。夏冰，地坼及泉，五谷变化，民乃大振④。高阳乃命玄宫⑤。禹亲把天之瑞令，以征有苗。

① 物：事。 ② 殛（jí 极）：诛杀。 ③ "妖"字疑为衍文。 ④ 振：通"震"。 ⑤ 据下文例，此句疑作"天乃命禹于玄宫"。

四电诱祇[①]，有神人面鸟身，若瑾以待，扼矢有苗之祥[②]，苗师大乱，后乃遂几[③]。禹既已克有三苗，焉磿为山川[④]，别物上下，乡制大极[⑤]，而神民不违，天下乃静。则此禹之所以征有苗也。逮至乎夏王桀，天有 命[⑥]，日月不时，寒暑杂至，五谷焦死，鬼呼于国，鹤鸣十夕馀天。乃命汤于镳宫，用受夏之大命。（夏德大乱，予既卒其命于天矣，往而诛之，必使汝堪之。）[⑦]汤焉敢奉率其众[⑧]，是以乡有夏之境[⑨]。帝乃使阴暴毁有夏之城[⑩]。少少有神来告曰[⑪]：夏德大乱，往攻之，予必使汝大堪之[⑫]。予既受命于天，天命融隆火于夏之城间西北之隅[⑬]。汤奉桀众以克有夏，属诸侯于薄[⑭]，荐章天命[⑮]，通于四方，而天下诸侯莫敢不宾服。则此汤之所以诛桀也。逮至乎

---

① "四电诱祇"，疑当为"雷电 振"。 ：通"勃"。振：通"震"。 ② 此上二句，疑有脱误。或谓原本文为"若以谨持矢，扼有苗之将"。 ③ 几：微。 ④ 焉：于是。磿（lì 历）：离，分别的意思。 ⑤ 乡：通"享"。大极：皇极、天子位。 ⑥ 命：疑当为"酷命"，严命的意思。 ⑦ "夏德大乱"以下四句，文义与下文重复。《文选·辩命论、褚渊碑文》注，两次引文均无此数语，疑当删去。 ⑧ 焉：于是。 ⑨ 乡：向。 ⑩ 阴：疑"隆"之形误，"隆"即"丰隆"，古神话中之雷神。暴通"爆"。 ⑪ 少少：少时。 ⑫ 堪：一本作"戡"，克，战胜。 ⑬ 融：即"祝融"，古神话中之火神。隆：即"丰隆"，雷神名。 ⑭ 属：会合。薄：地名，即北"亳（bó 博）"，在今河南商丘北。 ⑮ 荐：进。章：明。

商王纣，天不序其德①，祀用失时，兼夜中十日②，雨土于薄，九鼎迁止，妇妖宵出，有鬼宵吟，有女为男，天雨肉，棘生乎国道，王兄自纵也③。赤鸟衔珪，降周之岐社，曰：'天命周文王伐殷有国。'泰颠来宾④，河出绿图⑤，地出乘黄⑥。武王践功，梦见三神，曰：'予既沈渍殷纣于酒德矣，往攻之，予必使汝大堪之。'武王乃攻狂夫，反商作周，天赐武王黄鸟之旗⑦。王既已克殷，成帝之来⑧，分主诸神，祀纣先王，通维四夷⑨，而天下莫不宾，焉袭汤之绪⑩。此即武王之所以诛纣也。若以此三圣王者观之，则非所谓'攻'也，所谓'诛'也。"

……

【翻译】

现在那些好战的国君，又把他们的理论加以装饰而非难墨先生说："你认为攻打别国是'不义'，不是有利的事情吧？从前禹征三苗，汤伐桀王，武王伐纣王，这些人都被称为圣王，这是什么缘故呢？"墨先生说："你没有分

---

① 序：当是"享"字之误。 ② 兼夜：连夜。中：疑为"出"字的形讹。 ③ 兄：同"况"，益。 ④ 泰颠：文王大臣。 ⑤ 绿：通"箓(lù 录)"。箓图：符图。 ⑥ 乘黄：神马。 ⑦ 黄鸟：即皇鸟，凤凰。 ⑧ 来：通"赉(lài 赖)"，赐予。 ⑨ 维：于。 ⑩ 焉：于是。

清我说的战争的类别,不明白其中的理由。禹、汤、武王的讨伐不是我所说的‘攻’,而是我所说的‘诛’。从前三苗大乱,天神的意旨要诛杀它。当时太阳夜出,一连三天下血雨,龙在祖庙里出现,犬在集市上哭泣。夏天结冰,大地开裂,裂口之深,下及泉水,五谷不按时成熟,百姓于是大为震惊。天神于是在玄宫向禹授命。禹亲自拿着天神赐的玉制的符节,征伐三苗。雷电突然震响,有一个神,面孔像人,身子像鸟,他谨慎地拿着箭,用力掐住三苗的将帅,三苗的军队于是大乱,三苗的后世从此就衰败了。禹既已战胜三苗,于是分别治理山河,区分人事的上下,当天子之位,神与百姓都不违背,天下就安定了。这就是禹征三苗的原因。到了夏桀王的时候,天有严命,日月出没不准时,寒暑季节错乱,五谷焦死,鬼叫于国,鹤鸣十夜不止。天神于是在镳宫向汤授命,接替夏王的权力。汤于是率领他的军队,开到了夏国的境内。上帝就派雷神轰击了夏都的城墙。一会儿,有神来告汤说:夏王桀十分淫乱,你去攻打他,我一定使你大胜。我已经从上天那里得到命令,天派火神祝融、雷神丰隆焚烧了夏都之城的西北角。汤利用夏桀的队伍战胜了夏桀王,在亳会合诸侯,声明灭夏是秉承天的意旨,并通告四方,天下的诸侯没有谁敢不服从。这就是汤讨伐夏桀的原因。到了商王纣的时候,天因纣王道德败坏而不再享用其奉献，纣祭祀不按时举行，连夜出现十个太阳，天在亳下了土，九鼎自动迁移，妇妖夜出，鬼怪宵叹，有女的变成了男的，天下了肉雨，荆棘生长在大路上，纣王日益放纵自己。赤鸟口含着珪，降于周之岐社，珪上写道：'天命周文王伐殷有国。'接着泰颠归顺文王，黄河里浮出符图，地上出现了神马。武王继承了文王的事业，梦见三神说：'我已经使殷纣王沉浸在饮酒烂醉之中，你去攻打他，我一定使你大胜。'武王于是攻打了殷纣王这个狂夫，推翻商朝，建立周朝，天赐予武王凤凰旗。武王既灭了殷，完成了上帝给予的使命，使诸侯分别主诸神之祭，祭祀纣之先王成汤，并通告四方，天下没有谁不服从，武王于是继承了汤王的功业。这就是武王讨伐纣王的原因。若以上述三个圣王的事例看，就不是我所说的'攻'，而是我所说的'诛'了。"

……

节 用 中

“节用”，是墨子针对当时“国家贫”而提出的重要主张。

墨子认为国家贫穷的原因，是由于贵族统治者过着骄奢淫逸的生活。他们食必美味佳肴，衣必文采锦绣，居必楼台亭榭，死必厚葬久丧。为了满足私欲，他们“必厚作敛于百姓，暴夺民衣食之财”，致使人民陷于饥寒，国家陷于危亡。

墨子在本篇中从器用、饮食、衣服、丧葬、舟车等方面论述了节用的原则，反复强调费用必有利于民，“诸加费不加于民利者，圣王不为”。希望贵族统治者效法古之明王圣人，“爱民谨忠，利民谨厚”。这些尽管当时的统治者不可能做到，但墨子的节用主张是对广大人民有利的，是具有进步意义的。

子墨子言曰：“古者明王圣人所以王天下、正诸侯者①，彼其爱民谨忠②，利民谨厚。忠信相连，又示之以利，是以终身不厌、殁世而不卷③。古者明王圣人其所以王天下、正诸侯者，此也。

“是故古者圣王制为节用之法④，曰：‘凡天下群百工：轮车、鞼匏、陶冶、梓匠⑤，使各从事其所能。’曰：‘凡足以奉给民用，则止。’诸加费不加民利者，圣王弗为。

“古者圣王制为饮食之法，曰：‘足以充虚继气，强股肱，使耳目聪明，则止。’不极五味之调、芬香之和，不致远国珍怪异物。何以知其然？古者尧治天下，南抚交阯⑥，北降幽都⑦，东西至日所出入，莫不宾服。逮至其

---

① 正：长。下同。 ② 谨：通“堇”，诚。下句同。 ③ 卷：通“倦”。 ④“节用”当为“器用”之误。 ⑤ 轮、车、梓(zǐ 子)、匠：都是木工。轮：造轮；车：造车；梓：造器具；匠：造房屋。鞼(guì 贵)匏(páo 袍)：是皮革工。(“匏”通“鲍”)陶：制陶器工。冶：铸金属工。 ⑥ 交阯：即“交趾”，古地名，指五岭以南的地区。 ⑦“降”当为“际”之形讹。际：连接。幽都：即幽州。

厚爱①，黍稷不二，羹胾不重②，饭于土熘③，啜于土形④，斗以酌⑤。俯仰周旋威仪之礼，圣王弗为⑥。

“古者圣王制为衣服之法，曰：‘冬服绀緅之衣⑦，轻且暖，夏服絺绤之衣⑧，轻且清⑨，则止。’诸加费不加于民利者，圣王弗为。

“古者圣王为猛禽狡兽暴人害民⑩，于是教民以兵行⑪，日带剑，为刺则入，击则断；旁击而不折，此剑之利也。甲为衣则轻且利⑫，动则兵且从⑬，此甲之利也。车为服重致远，乘之则安，引之则利，安以不伤人，利以速至，此车之利也。古者圣王为大川广谷之不可济，于是制为舟楫，足以将之⑭，则止。虽王者三公诸侯至，舟楫不易，津人不饰，此舟之利也。

“古者圣王制为节葬之法⑮，曰：‘衣三领，足以朽肉；

---

① 厚爱：疑当作“享受”，形近而讹。 ② 胾（zì 字）：大块肉。 ③ 土熘（liù 去声）：古代盛饭的瓦器。 ④ 啜（chuò 龊）：喝。土形：古代盛羹的瓦器（“形”通“铏”）。 ⑤ 斗：古代酒器。 ⑥ 此句上，依上下文例，当亦有“诸加费不加于民利者”九字。 ⑦ 绀（gàn 干）：深青带红的帛。緅（zōu 邹）黑中带红的帛。绀緅之衣：指深色帛衣。 ⑧ 絺（chī 痴）：细葛布。绤（xì 隙）：粗葛布。 ⑨ 清（qìng 庆）：凉。 ⑩ 狡：凶暴。 ⑪ 以：拿。 ⑫ 甲：皮革制的护身服。 ⑬ “兵”疑当作“弁（biàn 便）”通“便”，便利。 ⑭ 将：行。 ⑮ “节葬”当作“葬埋”。

棺三寸，足以朽骸。掘穴深不通于泉①，流不发泄②，则止。'死者既葬，生者毋久丧用哀。

"古者人之始生，未有宫室之时，因陵丘堀穴而处焉③。圣王虑之，以为堀穴，曰冬可以辟风寒④，逮夏，天润湿、上熏烝，恐伤民之气，于是作为宫室而利。"然则为宫室之法将奈何哉？子墨子言曰："其旁可以圉风寒⑤，上可以圉雪霜雨露，其中蠲洁可以祭祀⑥，宫墙足以为男女之别，则止。诸加费不加民利者，圣王弗为。"

【翻译】

墨先生说："古代明王圣人之所以称霸于天下，成为诸侯之长，是由于他们爱民确实忠诚，为民谋利确实多。忠诚于民和重信用相结合，又使百姓看得到利益，于是他们终身为民谋利而不厌倦。古代明王圣人之所以称霸于天下，成为诸侯之长，就是由于这个缘故。

"所以，古代圣王制造日用器物的原则，就是：'所有天下的各种工匠：造车轮和车子的、制皮革的、制陶器的、铸金属的、造器具的、修房屋的，使他们各自从事自

---

① 掘：通"窟"。窟穴：指墓穴。② 流：疑当为"气"，指尸体的腐气。③ 堀(同"窟")穴：洞穴。④ 辟：通"避"。⑤ 圉：通"御"，抵挡。⑥ 蠲(juān 捐)：清洁。

己的专业。'就是:'一切日用器物的生产,能够足以供给人民使用,就不再生产了。'各种只增加费用而不增加人民利益的事,圣王是不做的。

"古代圣王制作饮食的原则,就是:'饮食能够补充虚损,增益血气,使身体强健,耳聪目明,就行了。'不极力追求食品五味的调和、气息的芳香,不索取远方的珍贵奇异食品。怎么知道他们是这样的呢?古代尧治天下,南抚交趾,北接幽州,东西直到日出日落的地方,没有谁不归顺他。及至他的享受,每顿饭不同时吃黍又吃稷,不同时喝肉汤又吃大块的肉。用瓦器盛饭吃,用瓦器盛汤喝,用羹斗斟酒,行礼时俯仰进退都有庄严的容貌和举止。各种只增加用费而不增加人民利益的事,圣王是不做的。

"古代圣人制作衣服的原则,就是:'冬天穿深色帛衣,又轻便又暖和,夏天穿葛布衣服,又轻便又凉爽,就行了。'各种只增加用费而不增加人民利益的事,圣王是不做的。

"古代圣王因为凶禽猛兽残害人民,于是教人带着兵器行路,每日带剑,用于刺物就能刺进去,用于砍物就能斩断;而从旁加以撞击,也不会折断,这是剑的好处。皮甲做衣服既轻巧又便利,行动起来既方便又顺意,这是皮甲的好处。车子是载重物到远方的工具,乘坐它很安稳，拉着它很便利，既安全不伤人，又利于迅速到达，这是车子的好处。古代圣王因为江河宽广不能渡过，于是制造舟船，能够航行，就行了。即使天子三公诸侯到了，舟船并不改换，渡船的船夫也不必修饰，这是船的好处。

“古代圣王制定埋葬的原则，就是：‘衣服三件，能够裹腐烂的肉；棺木厚三寸，能够盛腐烂的尸骨。墓穴深不及于地下水，腐气不致散发于外，就行了，’死人已经埋葬，活着的人不必长久居丧致哀。

“古代人类产生之初，没有房屋的时候，人们依靠山丘洞穴居住。圣人为此担忧，认为洞穴虽然冬天可以避风寒，但到夏天，地下潮湿，上面热气蒸人，恐怕伤害人民的体质，于是建造房屋以便居住。”那么建造房屋的原则应是怎样的呢？墨先生说：“房屋的四周可以御风寒，上面可以抵挡雪霜雨露，房屋里面清洁可以祭祀，室内的墙可以作为男女的间隔，就行了。各种只增加用费而不增加人民利益的事，圣王是不做的。”

节 葬 下

“节葬”，就是对丧葬之礼要有所节制，反对厚葬久丧。这是墨学思想的重要内容之一。

当时的贵族统治者，主张实行“厚葬久丧”。人死后，要厚葬，“棺椁必重，葬埋必厚，衣衾必多，文绣必繁，丘陇必巨”。甚至杀人殉葬，“众者数百，寡者数十”。居丧致哀的时间要长久，使人长年累月不能做事，结果使国家贫穷，人民减少，政治混乱。墨子在本篇揭露了厚葬久丧之危害，驳斥了厚葬久丧者的谬论和狡辩。但文中所说求鬼神之福，是墨子迷信思想的反映。

子墨子言曰:"仁者之为天下度也,辟之无以异乎孝子之为亲度也①。今孝子之为亲度也,将奈何哉?曰:'亲贫,则从事乎富之;人民寡②,则从事乎众之;众而乱,则从事乎治之。'当其于此也,亦有力不足③、财不赡、智不智④,然后已矣。无敢舍余力,隐谋遗利,而不为亲为之者矣。若三务者⑤,孝子之为亲度也,既若此矣⑥。虽仁者之为天下度⑦,亦犹此也。曰:'天下贫,则从事乎富之;人民寡,则从事乎众之,众而乱,则从事乎治之。'当其于此,亦有力不足、财不赡、智不智,然后已矣。无敢舍余力,隐谋遗利,而不为天下为之者矣。若三务者,此仁者之为天下度也,既若此矣。

"今逮至昔者三代圣王既没⑧,天下失义。后世之君子,或以厚葬久丧以为仁也、义也、孝子之事也;或以厚葬久丧以为非仁义、非孝子之事也。曰二子者⑨,言则相非,行即相反,皆曰:'吾上祖述尧舜禹汤文武之道者也。'而言即相非,行即相反,于此乎后世之君子皆疑惑

---

① 辟:通"譬",比。 ② 疑"民"字当删。这里说"孝子之为亲度",不应言"民"。 ③ 亦:犹"唯",下同。 ④ 后一个"智"当"知"用。下同。 ⑤ 若三务者:这三件事。指上文所说的"富之"、"众之"、"治之"。 ⑥ 既:全。 ⑦ 虽:通"惟"。⑧ 疑"今"字是多余的。《明鬼下》与此文句相同,无"今"字。遍检先秦书,没有"今逮至昔者"的说法。 ⑨ 曰:发语词。

乎二子者言也。若苟疑惑乎之二子者言[1]，然则姑尝传而为政乎国家万民而观之[2]，计厚葬久丧，奚当此三利者哉？意若使法其言，用其谋，厚葬久丧实可以富贫众寡，定危治乱乎，此仁也、义也、孝子之事也，为人谋者不可不劝也。仁者将求兴之天下，谁贾而使民誉之[3]，终勿废也。意亦使法其言，用其谋，厚葬久丧实不可以富贫众寡，定危治乱乎，此非仁、非义、非孝子之事也，为人谋者不可不沮也[4]。仁者将求除之天下，相废而使人非之，终身勿为。是故兴天下之利，除天下之害，令国家百姓之不治也，自古及今未尝之有也。”

何以知其然也？今天下之士君子，将犹多皆疑惑厚葬久丧之为中是非利害也。故子墨子言曰：“然则姑尝稽之，今虽毋法执厚葬久丧者言[5]，以为事乎国家。此存乎王公大人有丧者，曰棺椁必重，葬埋必厚，衣衾必多，文绣必繁，丘陇必巨。存乎匹夫贱人死者，殆竭家室。存乎诸侯死者，虚库府，然后金玉珠玑比乎身[6]，纶组节约车马藏乎圹[7]，又必多为屋幕、鼎鼓、几梴、壶滥、戈剑、

① 之：这。② 传：通“转”。③“谁贾”是“设置”之形误。④ 沮（jǔ 举）：阻止。⑤ 毋：语助词。⑥ 玑：不圆的珠子。比：周。比乎身：遍布全身。⑦ 节约：节束，即缠捆的意思。圹（kuāng 矿）：墓穴。

羽旄、齿革，寝而埋之①。满意若殉从②，曰天子杀殉，众者数百，寡者数十；将军大夫杀殉，众者数十，寡者数人。处丧之法将奈何哉？曰：哭泣不秩声翁③，缞绖，垂涕，处倚庐，寝苫枕块④。又相率强不食而为饥，薄衣而为寒，使面目陷陬⑤，颜色黧黑，耳目不聪明，手足不劲强，不可用也。又曰：上士之操丧也，必扶而能起，杖而能行，以此共三年。若法若言，行若道，使王公大人行此，则必不能蚤朝晏退⑥；使士大夫行此，则必不能治五官六府⑦，辟草木、实仓廪；使农夫行此，则必不能蚤出夜入，耕稼树艺；使百工行此，则必不能修舟车，为器皿矣；使妇人行此，则必不能夙兴夜寐，纺绩织纴。计厚葬为多埋赋财者也；计久丧为久禁从事者也。财以成者⑧，扶而埋

---

① "鼓"为"毁（guǐ 轨）"之讹，同"簋"。古代食器，下同。梴：通"筵"，竹席。壶：古器名，小口深腹，用以盛酒浆。滥：大盆，亦写作"鉴"。羽旄：古代用雉的羽毛、旄牛尾巴作装饰的军旗。齿：象牙。革：皮革制的甲盾。 ② 满意：恣意，尽其所欲。 ③ 秩：常。 ④ 缞（cuī 催）：粗麻布制的丧服。绖（dié 迭）：丧服的麻带。"声翁"是"声嗌"之讹。 ⑤ 苫（shān 山）：古代居丧时睡的草垫。块：土块。陬当为"殨（suì 碎）"，瘦病。⑥ 蚤：通"早"。 ⑦ 五官六府：所设五种重要的官职和六种掌管府库的官职。《礼记·曲礼》云："天子之五官，曰司徒、司马、司空、司士、草，典司五众。天子之六府，曰司土、司水、司木、草、司器、司货，典司六职。" ⑧ 以：通"已"。

之[①]；后得生者，而久禁之。以此求富，此譬犹禁耕而求获也，富之说无可得焉。

“是故求以富国家，而既已不可矣，欲以众人民，意者可邪？其说又不可矣。今惟无以厚葬久丧者为政，君死，丧之三年；父母死，丧之三年；妻与后子死者[②]，五皆丧之三年[③]；然后伯父、叔父、兄弟、孽子其[④]；族人五月[⑤]；姑姊甥舅，皆有数月。则毁瘠必有制矣。使面目陷陬，颜色黧黑，耳目不聪明，手足不劲强，不可用也。又曰：上士操丧也，必扶而能起，杖而能行，以此共三年。若法若言，行若道，苟其饥约，又若此矣。是故百姓冬不仞寒[⑥]，夏不仞暑，作疾病死者不可胜计也。此其为败男女之交多矣。以此求众，譬犹使人负剑而求其寿也[⑦]，众之说无可得焉。

“是故求以众人民，而既以不可矣，欲以治刑政，意者可乎？其说又不可矣。今惟无以厚葬久丧者为政，国家必贫，人民必寡，刑政必乱。若法若言，行若道，使为上者行此，则不能听治；使为下者行此，则不能从事。上不听治，刑政必乱；下不从事，衣食之财必不足。若苟不足，

---

① 扶：持。 ② 后子：嫡长子。 ③“五”，疑为“又”之讹。④ 孽子：嫡长子之外的众子。其：通“期(jī)”，一年为期。⑤“族人”当作“戚族人”，关系近的族人。 ⑥ 仞：通“忍”，耐。下同。 ⑦ 负：通“伏”。

为人弟者求其兄而不得，不弟弟必将怨其兄矣①；为人子者求其亲而不得，不孝子必是怨其亲矣②；为人臣者求之君而不得，不忠臣必且乱其上矣。是以辟淫邪行之民，出则无衣也，入则无食也，内续奚吾③，并为淫暴，而不可胜禁也，是故盗贼众而治者寡。夫众盗贼而寡治者，以此求治，譬犹使人三睘而毋负己也④，治之说无可得焉。

"是故求以治刑政，而既已不可矣，欲以禁止大国之攻小国也，意者可邪？其说又不可矣。是故昔者圣王既没，天下失义，诸侯力征。南有楚越之王，而北有齐晋之君，此皆砥砺其卒伍，以攻伐并兼为政于天下。是故凡大国之所以不攻小国者，积委多，城郭修。上下调和，是故大国不耆攻之⑤。无积委、城郭不修，上下不调和，是故大国耆攻之。今惟毋以厚葬久丧者为政。国家必贫，人民必寡，刑政必乱。若苟贫，是无以为积委也；若苟寡，是修城郭沟渠者寡也；若苟乱，是出战不克、入守不固。

"此求禁止大国之攻小国也，而既已不可矣，欲以干上帝鬼神之福，意者可邪？其说又不可矣。今惟无以厚

① 第一个"弟(tì替)"同"悌"，敬爱兄长叫做悌。 ②"是"，据下文疑当作"且"，将。 ③"内续奚吾"疑当为"内积溪诟"之误，即内积耻辱之意思。 ④ 三：极言其多，屡。睘当为"还"。负：背。 ⑤ 耆：通"嗜"。

葬久丧者为政，国家必贫、人民必寡、刑政必乱。若苟贫，是粢盛酒醴不净洁也；若苟寡，是事上帝鬼神者寡也；若苟乱，是祭祀不时度也。今又禁止事上帝鬼神，为政若此，上帝鬼神始得从上抚之①，曰：'我有是人也与无是人也，孰愈?'曰：'我有是人也与无是人也，无择也。'则惟上帝鬼神降之罪厉之祸罚而弃之②，则岂不亦乃其所哉?

"故古圣王制为葬埋之法，曰：'棺三寸，足以朽体；衣衾三领，足以覆恶③。及其葬也，下毋及泉，上毋通臭，垄若参耕之亩④，则止矣。死者既已葬矣，生者必无久丧，而疾而从事，人为其所能，以交相利也。'此圣王之法也。"

今执厚葬久丧者之言曰："厚葬久丧虽使不可以富贫众寡，定危治乱，然此圣王之道也。"

子墨子曰："不然。昔者尧北教乎八狄⑤，道死，葬蛩

---

①"始得"当作"殆将"。抚：疾，憎恶。② 惟：通"虽"，即使。罪厉之祸罚：犹"罪厉与祸罚"。③ 覆恶：死人被人厌恶，所以将尸体遮盖起来叫覆恶。④ 参耕之亩：三耦耕地的面积。一耦为一尺宽，三耦即三尺宽。此言墓宽只三尺。⑤ 八狄：一作"北狄"，我国北方的各种少数民族的总称。

山之阴①。衣衾三领，榖木之棺②，葛以缄之，既氾而后哭③，满埳无封④。已葬，而牛马乘之。舜西教乎七戎，道死，葬南己之市⑤。衣衾三领，榖木之棺，葛以缄之。已葬，而市人乘之。禹东教乎九夷⑥，道死，葬会稽之山⑦。衣衾三领，桐棺三寸，葛以缄之。绞之不合⑧，道之不埳⑨，土地之深⑩，下毋及泉，上毋通臭。既葬，收馀壤其上，垄若参耕之亩，则止矣。若以此若三圣王者观之，则厚葬久丧果非圣王之道。故三王者，皆贵为天子，富有天下，岂忧财用之不足哉？以为如此葬埋之法。

“今王公大人之为葬埋，则异于此。必大棺中棺，革阓三操⑪，璧玉即具⑫，戈剑、鼎鼓、壶滥、文绣素练、大鞅

---

① 蛩山：在今山东濮县。蛩（qióng 穷），又作“邛”。 ② 榖，楮，木质不耐朽。按礼，天子之棺应用梓、杝（yí 夷）等优质耐朽之木，此用榖，尚俭。 ③“氾”当为“犯”是，窆（biǎn 扁）的借字，落葬。“哭”上疑有“止”字或“卒”字。 ④ 埳（kǎn 坎）：同“坎”，即墓穴。封：堆土为坟。 ⑤ 南己：古地名，一作“南纪”，所在未详。舜葬何地，古籍所载不一。 ⑥ 九夷：我国古代对东方各民族的泛称，也称“东夷”。 ⑦ 会稽山：在今浙江绍兴。 ⑧ 绞：通“交”，指棺盖棺身的衔接处。 ⑨ 道：通“导”。 ⑩“土”当作“掘”。 ⑪ 阓：同“鞼”，绣革。操：通“缲”，五采文饰。三操：文采繁杂。 ⑫ 即：当为“既”。

万领[1]、舆马、女乐皆具。曰必捶垛差通[2]，垄虽凡山陵[3]。此为辍民之事，靡民之财[4]，不可胜计也。其为毋用若此矣。”是故子墨子曰：“乡者，吾本言曰：‘意亦使法其言、用其谋、计厚葬久丧请可以富贫众寡[5]，定危治乱乎，则仁也、义也、孝子之事也。为人谋者不可不劝也。意亦使法其言，用其谋，若人厚葬久丧，实不可以富贫众寡，定危治乱乎，则非仁也、非义也、非孝子之事也。为人谋者不可不沮也。’是故求以富国家，甚得贫焉；欲以众人民，甚得寡焉；欲以治刑政，甚得乱焉。求以禁止大国之攻小国也，而既已不可矣；欲以干上帝鬼神之福，又得祸焉。上稽之尧舜禹汤文武之道，而政逆之[6]；下稽之桀纣幽厉之事，犹合节也。若以此观，则厚葬久丧其非圣王之道也。”

今执厚葬久丧者言曰：“厚葬久丧果非圣王之道，夫胡说中国之君子为而不已、操而不择哉[7]？”子墨子曰：“此所谓便其习而义其俗者也[8]。昔者，越之东有輆沭之

---

① 大鞅万领：“六鞅鑾铃”之误。鞅（yāng 央）：套在马颈用以负轭的皮带。鑾铃，天子车铃，装在轭首或车衡上。② 垛：即“除”，修治。差通：疑当作“羡道”，就是墓道。③ 垄：当作“堆”。凡：为“兄”之讹。当“况”用，比。④ 靡：当“縻”用，耗费。⑤ 请：通“诚”。⑥ 政：通“正”。⑦ 择：当从宝历本、李本作“释”。释：舍，放弃。⑧ 义：当“宜”用。

国者①，其长子生，则解而食之，谓之‘宜弟’。其大父死，负其大母而弃之，曰：鬼妻不可与居处。此上以为政，下以为俗，为而不已，操而不择，则此岂实仁义之道哉？此所谓便其习而义其俗者也。楚之南有炎人国者②，其亲戚死，朽其肉而弃之③，然后埋其骨，乃成为孝子。秦之西有仪渠之国者④，其亲戚死，聚柴薪而焚之，燻上，谓之‘登遐’⑤，然后成为孝子。此上以为政，下以为俗，为而不已，操而不择，则此岂实仁义之道哉？此所谓便其习而义其俗者也⑥。若以此若三国者观之，则亦犹薄矣；若中国之君子观之，则亦犹厚矣。如彼则大厚，如此则大薄，然则葬埋之有节矣。

“故衣食者，人之生利也，然且犹尚有节⑦；葬埋者，人之死利也，夫何独无节于此乎？子墨子制为葬埋之法曰：‘棺三寸，足以朽骨；衣三领，足以朽肉；掘地之深，下无菹漏⑧，气无发泄于上，垄足以期其所⑨，则止矣。哭

---

① 軨沭（gài shù 概术）：“沭”疑当作“沐”，古国名，相传在今浙江省东部。 ② 炎：《鲁问》篇作“啖（dàn 淡）”。当作“啖”为是。啖：吃。 ③ 朽：《列子》作“歽”。“歽”，本作“冎”，音寡，剔人肉。 ④ 仪渠：即“义渠”，古民族名，西戎之一。分布于今之甘肃庆阳、泾川一带。 ⑤ 遐：通“霞”。登霞：登上云霞，升天。 ⑥ 义：宜。 ⑦ 尚：通“当”。 ⑧ 菹（zū 租）：通“沮（jù 巨）”，湿。菹漏：渗湿。 ⑨ 期：为“示”之误，标示。

往哭来，反，从事乎衣食之财，佴乎祭祀①，以致孝于亲。'故曰子墨子之法，不失死生之利者，此也。"

故子墨子言曰："今天下之士君子，中请将欲为仁义，求为上士，上欲中圣王之道，下欲中国家百姓之利，故当若节丧之为政，而不可不察此者也。"

【翻译】

墨先生说："仁人为天下人谋划，跟孝子为父母亲谋划相比，没有什么不同。孝子为父母亲谋划，会是怎样的呢？就是：'父母穷，就设法让他们富起来；人口少，就设法让它多起来；人多而混乱，就设法让他们安定下来。'当孝子从事这些事情的时候，只有在自己的力量不足、财用不富、智力用尽时，然后才停止。没有人敢放弃尚能使用的能力，隐藏自己的智谋，私自留下财物，而不为父母亲办事的。这三件要做的事，是孝子为父母亲谋划的，凡孝子都是这样。仁人为天下的人谋划，也是如此。就是：'天下的人穷，就设法使他们富起来；人民少，就设法使他们多起来；人多而混乱，就设法使他们安定。'当仁人从事这些事情的时候，只有在力量不足、财力不富、智力用尽时，然后才停止。没有人敢放弃尚能

① 佴（èr 二）：佽助，帮助。

使用的能力，隐藏自己的智谋，私自留下财物，而不为天下的人办事的。这三件要办的事，是仁人为天下的人谋划的，凡仁人都是这样。

“从往古三代圣王去世以后，天下失义，后世的君子，有的认为厚葬久丧是仁、是义、是孝子该做的事；有的认为厚葬久丧不是仁、不是义、不是孝子该做的事。这两种人，说话相反，做事相背，却都说：‘我是遵循尧舜禹汤文武之道的人。’由于他们说话相反，做事相背，于是乎后世的君子都疑惑这两种人的言论。假如疑惑这两种人的言论，那就姑且尝试着把他们的主张转而用之于治理国家人民，从而加以考察，衡量厚葬久丧，怎么符合这三种利益？如果使人依从他们的言论，采用他们的谋划，厚葬久丧确实可以使贫者富，使寡者众，使危者安，使乱者治呢，这就是仁，是义，是孝子应做的事，为人谋划的人就不可不加以劝勉了。仁人将要求在普天下推广它，设立制度而使人民称赞它，永远不废弃。如果依从他们的言论，采用他们的谋划，厚葬久丧确实不能使贫者富，使寡者众，使危者安，使乱者治，这就不是仁、不是义、不是孝子应做的事，为人谋划的人就不可不加阻止了。仁人将要求在普天下铲除这种制度，废止它而使人民加以反对，终身不搞厚葬久丧。因此兴天下之利，除天下之害，而使国家百姓得不到治理，这是从古到今未曾有的事。”

根据什么知道是这样的呢？现在天下做官的人，大多还疑惑厚葬久丧是个关系到是非利害的问题。所以墨先生说：“那就姑且尝试着把这个问题考察一下，现在就按照主张厚葬久丧的人的话，用来实施于国家以进行考察。厚葬久丧行之于王公大人的死者之家，就是棺材之外必加多重的套棺，埋葬必用厚礼、衣服被褥要多，锦绣花样要复杂，坟冢要高大。厚葬久丧行之于平民百姓的死者之家，就使家产耗费殆尽。厚葬久丧行之于诸侯的死者之家，就使府库为之一空，然后金玉珠玑遍布死者的全身，用丝带捆束车马埋藏于墓穴，还必须多做帐幕，鼎鼓、几梃、壶、戈剑、羽旄、齿革等，都拿来一并埋葬。并恣意用人殉葬，天子杀人殉葬，多的达数百人，少的几十人；将军大夫杀人殉葬，多的几十人，少的几人。守丧的做法又怎样呢？就是哀哭无常，泣不成声，身披麻布丧服，系麻带，流着眼泪，住在守丧的屋子里，睡草垫，枕土块。又要竞相争着强忍不吃食物使自己饥饿，穿着单薄的衣服使自己寒冷，致使面容消瘦，眼睛下陷，脸色黧黑，耳目昏聩，手足无力，就不能做事了。还说什么：上士守丧，必须到扶着才能站起来，拄着拐杖才能行走，如此守丧长达三年。如果依从这种言论，实行这种主张，让王公大人这样做，就必定不能早朝晚退；让士大夫这样做，就必定不能治理五官六府，不能开辟荒地，充实粮仓；让农夫这样做，就必定不能早出晚归，耕稼种菜；让各种工匠这样做，就必定不能修造车船制作器皿了；让妇女这样做，就必定不能起早睡晚纺纱织布。考察这厚葬实在是大量埋葬所征收的资财的做法；考察这久丧实际是长期监禁干活之人。现成的财物却拿去埋葬；还活着的人却被长期禁锢。用这种方法来求国家富足，就好比禁止耕种而求有收获一样，所说的使国家富，是无法得到的。

"所以用厚葬久丧来使国家富已经不可能了，想用厚葬久丧来使人民增多，或许可以吧？这种说法也是不能实现的。现在用厚葬久丧者的主张去管理国家，国君死，服丧三年；父母死，服丧三年；妻子和嫡长子死，又都服丧三年；然后伯父、叔父、兄弟和嫡长子之外的诸子死，服丧一年；关系近的族人死，服丧五月；姑姊甥舅死都有数月服丧。那么损害健康必定出于久丧制度了。结果使面容消瘦，眼睛下陷，脸色黧黑，耳目昏聩，手足无力，就不能做事了。还说什么上士守丧，必须达到搀扶着才能站起来，拄着拐杖才能行走的地步，像这样守丧长达三年。假若依从这种说法，实行这种主张，让他们饥饿缩食，又会得到像上面所说的结果。因此百姓冬天不能耐寒，夏天不能耐暑，生疾病而死的人就不可胜数了。这就大大破坏男女之间的互相结合。用这种方法去求人民增多,就好比使人伏在剑刃上而求其长寿一样,所说的使人民增多是无法得到的。

“用厚葬久丧来使人民增多,已经不可能了,想用厚葬久丧来使政治安定,或许可以吧?这种说法又是不能实现的。现在以厚葬久丧者的主张去管理国家,国家必穷,人民必少,政治必然混乱。假如依从这种说法,实行这种主张,让王公大人这样做,就不能处理政务;让庶民百姓这样做,就不能做事。王公大人不能处理政务,政治必然混乱;庶民百姓不能做事,衣食之财必然不足。如果财用不足,当弟弟的有求于兄长就不能得到,不敬爱兄长的弟弟必然会怨恨他的兄长了;当儿子的有求于父母就不能得到,不孝敬父母的儿子必然会怨恨他的父母了;当臣子的有求于国君就不能得到,不忠于君的臣子必然会犯上作乱了。因此放荡不正的人,出门没有衣穿,回家没有饭吃,心中积聚耻辱,合伙去做邪恶暴虐的事,就不能禁止了。因此盗贼多而安分守己的人少。盗贼多而安分守己的人很少,想以此求国家安定,就好比多次赶走来投奔自己的人,却又想让他不背离自己一样,所说的使国家安定是无法得到的。

“用厚葬久丧来使国家安定,已经不可能了,想用厚葬久丧来禁止大国侵略小国,或许可以吧?这种说法又是不能实现的。古代圣王去世以后,天下失义,诸侯以武力侵争。南有楚越之王,北有齐晋之君,这些君王都训练他们的军队,用攻伐兼并来作为他们统治的政务。凡大国不侵略小国的原因,是由于小国的积蓄多,城郭修建完好,上下和谐,所以大国不侵略它。如果小国没有积蓄,城郭不修好,上下不和谐,那大国就要侵略它。现在若以厚葬久丧的主张去管理国家,国家必然穷,人民必然少,政治必然混乱。如果国家穷,就没有东西用作积蓄;如果人民少,修筑城郭沟渠的人就少;如果政治混乱,出城迎战就不能取胜,退而守城也不牢固。

“想用厚葬久丧的办法去禁止大国侵略小国,已经不可能了,想用厚葬久丧去求上帝鬼神赐福,或许可以吗?这种说法又是不能实现的。现在用厚葬久丧者的主张去管理国家,国家必然穷、人民必然少、政治必然混乱。如果国家穷,这酒食祭品就不洁净;如果人民少,这祭祀上帝鬼神的人就少;如果政治混乱,这祭祀就不能按时举行。现在又禁止供奉上帝鬼神,像这样管理国家,上帝鬼神恐怕将会憎恶这些管理国家的人,说:‘我有这种人与没有这种人,哪一种情况好?’说:‘我有这种人与没有这种人,没有区别。’那么即使上帝鬼神降下罪罚与灾祸,进而抛弃他们,难道不也是应得的吗?

“所以古代圣王制定了葬埋的法则,就是:‘棺木厚三寸，足以盛腐朽的尸体；衣服被褥三套，足以覆盖腐烂的尸肉。至于埋葬，下面不挨着地下水，上面不致散发腐气，坟墓宽三尺，就行了。死者既已埋葬了，活着的人不要长久服丧，应赶快去干活儿，各人做自己专长的工作，大家互相得利。’这就是圣王的法则。”

“现在主张厚葬久丧的人说：‘厚葬久丧即使不能使贫者富，使寡者众，使危者安，使乱者治，但这是圣王之道啊。’”

墨先生说：“不是这样。从前尧去北方教化八狄，死于途中，葬在蛩山北面。衣服被褥三套，以榖木做的棺材，用葛藤捆棺。既下葬就停止哭，填平墓穴不做隆起的坟。葬埋以后，牛马便可往来于墓地之上。舜去西边教化七戎，死于途中，葬在南己之市。衣服被褥三套，以榖木做的棺材，用葛藤捆棺。葬埋以后，市上的人便往来于墓地之上。禹去东边教化九夷，死在途中，葬在会稽山上。衣服被褥三套，桐木棺材厚三寸，用葛藤捆棺。棺盖棺身衔接不严，入棺的地方不修墓道，掘地的深度，下不挨着地下水，上面不致发腐臭。既葬之后，收拾掘墓穴的馀土盖在墓穴上，坟墓宽三尺，就行了。若照这三个圣王的丧葬情况看，厚葬久丧实在不是圣王之道。这三个圣王，都是贵为天子，富有天下，难道还忧虑财用不足吗？却仍实行的是如此简单的葬埋法则。

“现在王公大人实行的葬埋，就跟这不同了。他们必在棺外加多重的套棺，捆棺的皮带文采繁杂，金玉珠玑既已具备，戈剑、鼎殷、壶滥、锦绣白绢，六付马鞅銮铃、车马、女乐等都要样样齐全。一定要把墓道捶实修治好，坟堆的高大像山陵一样。这样做，耽误人民的事情，耗费人民的钱财，是无法计算的。他们干无用的事竟像这样。”所以墨先生说：“过去，我曾说过：‘假使依从他们的言论，采用他们的谋划，厚葬久丧确实可以使贫者富、使寡者众，使危者安、使乱者治，这就是仁、是义、是孝子该做的事。为别人谋划的人，就不能不给以劝勉。假使依从他们的言论，采用他们的谋划，像那些人那样厚葬久丧，而确实不可以使贫者富、使寡者众，使危者安、使乱者治，这就不是仁、不是义、不是孝子该做的事。为别人谋划的人，就不能不加以阻止。’因此想用厚葬久丧来使国家富，结果国家更穷；想用厚葬久丧来使人民多，结果人民更少；想用厚葬久丧来使政治安定，结果政治更加混乱。想用厚葬久丧来禁止大国侵略小国，已经不可能了，想以此求上帝鬼神赐福，却又得到祸殃。上考尧舜禹汤文武之道，正与此相反；下察桀纣幽厉之事，如合符节，由此看来，厚葬久丧就不是圣王之道。”

现在主张厚葬久丧的人说：“厚葬久丧果真不是圣王之道，那怎样解释中原地区诸侯的君子对此实行而不停止、坚持而不放弃呢?”墨先生说:“这就是所谓以其习惯为便利,以其风俗为适宜。从前,越国的东面有个较沐国,他们的长子出生后,就把它割肉吃掉,称这种做法为‘宜弟’。他们的祖父死了,就把祖母背出去抛弃了,说:鬼的妻子,不能同她居住。这是上面的统治者以此为法则,下面的百姓就以此为风俗,因此实行而不停止,坚持而不放弃,这难道真的是仁义之道吗?这就是所谓以其习惯为便利,以其风俗为适宜。楚国的南边有个啖人国,他们的父母死了,就把肉剔下来扔了,然后将骨头埋葬,这样做才能成为孝子。秦国的西面有个仪渠国,他们的父母死了,就堆积柴草把尸体烧掉,火烟上升,称它为‘登霞’,这样做才能成孝子。这也是上面的统治者以此为法则,下面的百姓就以此为风俗,因此实行而不停止,坚持而不放弃,这难道真的是仁义之道吗?这就是所谓以其习惯为便利,以其风俗为适宜。若从这三国的葬埋情况来看,那就也还是太薄了;若从中原地区诸侯国的君子的厚葬久丧来看,那就也还是太厚了。像中原地区那样就太厚,像这三国那样就太薄,那么葬埋就应当有一定的节度。

“穿衣吃饭,是人活着时的利益,尚且应有节制;葬埋,是人死后的利益,为什么唯独在这个问题上没有节制呢?墨先生制定了埋葬的原则,就是:‘棺木厚三寸,足以盛起朽骨;衣服三件,足以覆盖腐肉;掘地的深度,下面不挨着地下水、上面不致散发臭气。坟墓足够标志葬埋的处所,就行了。守丧的人哭着来到葬地再哭着回去,回去之后,就谋求衣食之财,有助于祭祀,以表达孝敬父母之意。'所以说,墨先生的原则不损害死者和生者的利益,就在于此。"

墨先生说:"现在天下的士君子,诚心想行仁义,作道德高尚的人,上要符合圣王之道,下要符合国家百姓之利,所以如用节丧作为法则,就不能不辨明上面所讲的道理。"

天志上

"天志",即天的意志。肯定天的意志,是墨学的重要内容之一。

墨子提出"天志"说,幻想有一个至高无上的权威,来制裁天子,所以他强调天是管着天子的。他认为,天喜爱的是"义",憎恶的是"不义"。天的意志是不希望"大国之攻小国也、大家之乱小家也,强之暴寡、诈之谋愚、贵之傲贱",而希望"人之有力相劳,有道相教,有财相分"。他认为,顺从天意,就能得到天的奖赏;违反天意,就会受到天的惩罚。他的目的是要达到"刑政治、万民和,国家富、财用足,百姓皆得暖衣饱食,便宁无忧"。可见,"天志"实际上不过是借“上天”的名义申述墨子本人之“志”，表现了墨子对和平幸福生活的向往。

当然，肯定上天之冥冥的存在，毕竟是一种迷信思想。在历史上，总的来看，天命迷信思想还是对压迫者有好处，而对人民却往往起着麻痹意志的消极作用。

子墨子言曰：“今天下之士君子，知小而不知大。何以知之？以其处家者知之。若处家得罪于家长，犹有邻家所避逃之①。然且亲戚、兄弟、所知识共相儆戒②，皆曰：‘不可不戒矣！不可不慎矣！恶有处家而得罪于家长而可为也③？’非独处家者为然，虽处国亦然。处国得罪于国君，犹有邻国所避逃之。然且亲戚、弟兄、所知识共相儆戒，皆曰：‘不可不戒矣！不可不慎矣！谁亦有处国得罪于国君而可为也？’④此有所避逃之者也，相儆戒犹若此其厚，况无所避逃之者，相儆戒岂不愈厚然后可哉？且语言有之曰：‘焉而晏日，焉而得罪⑤，将恶避逃

① 所：这里是“可”的意思。下同。 ② 然且：相当于“这样，还（尚且）……”。“然”指代前面说的事，“且”表示意思更进一步。亲戚：指“父母”。 ③ 恶：何，哪。 ④ 谁：何，哪。 ⑤ 焉：于。而：当为“天”字的形误。晏：清，明。

之?'曰无所避逃之。夫天不可为林谷幽间无人,明必见之。然而天下之士君子之于天也,忽然不知以相儆戒。此我所以知天下之士君子知小而不知大也。

"然则天亦何欲何恶?天欲义而恶不义。然则率天下之百姓以从事于义,则我乃为天之所欲也。我为天之所欲,天亦为我所欲。然则我何欲何恶?我欲福禄而恶祸祟[①]。然则率天下之百姓以从事于不义,则我乃为天之所不欲也。我为天之所不欲,天亦为我所不欲,则是我率天下之百姓以从事于祸祟中也。然则何以知天欲义而恶不义?曰天下有义则生,无义则死;有义则富,无义则贫;有义则治,无义则乱。然则天欲其生而恶其死,欲其富而恶其贫,欲其治而恶其乱。此我所以知天欲义而恶不义也。"

曰:"且夫义者,政也[②]。无从下之政上,必从上之政下。是故庶人竭力从事,未得次己而为政[③],有士政之;士竭力从事,未得次己而为政,有将军大夫政之[④];将军大夫竭力从政,未得次己而为政,有三公诸侯政之;三公诸侯竭力听治,未得次己而为政,有天子政之;天子未得

---

① 祸祟:古代迷信的人指鬼神带给人的灾祸。 ② 政:通"正",管理。下文同。 ③ 次:为"恣"字省文。下同。 ④ 将军大夫:即卿大夫。

次己而为政，有天政之。天子为政于三公诸侯士庶人，天下之士君子固明知之，天之为政于天子，天下百姓未得之明知也。故昔三代圣王禹、汤、文、武，欲以天之为政于天子，明说天下之百姓，故莫不犓牛羊、豢犬彘[①]，洁为粢盛酒醴[②]，以祭祀上帝鬼神而求祈福于天[③]。我未尝闻天下之所求祈福于天子者也[④]。此我所以知天之为政于天子者也。

“故天子者，天下之穷贵也[⑤]，天下之穷富也，故欲富且贵者，当天意而不可不顺。顺天意者，兼相爱、交相利，必得赏；反天意者，别相恶、交相贼，必得罚。然则是谁顺天意而得赏者？谁反天意而得罚者？”子墨子言曰：“昔三代圣王禹、汤、文、武，此顺天意而得赏者也；昔三代之暴王桀、纣、幽、厉，此反天意而得罚者也。然则禹、汤、文、武其得赏何以也？”子墨子言曰：“其事上尊天，中事鬼神，下爱人，故天意曰：‘此我之所爱，兼而爱之；我所利，兼而利之。爱人者此为博焉，利人者此为厚焉。’故使贵为天子，富有天下，业万世子孙，传称其善，方施天下[⑥]，至今称之，谓之圣王。然则桀、纣、幽、厉得其罚

---

① 犓(chú)：同“刍”，用草料喂养牲畜。 ② 粢盛(zī chéng 资成)：盛在祭器内用于祭祀的谷物。 ③ 祈：疑为“祉”字之误。下同。 ④ “下”、“所”二字疑当删。 ⑤ 穷：极。 ⑥ 方：当“旁”用，遍。

何以也①?”子墨子言曰:“其事上诟天,中诬鬼②,下贼人,故天意曰:‘此之我所爱,别而恶之;我所利,交而贼之。恶人者此为之博也,贼人者此为之厚也。’故使不得终其寿,不殁其世③,至今毁之,谓之暴王。

“然则何以知天之爱天下之百姓?以其兼而明之。何以知其兼而明之?以其兼而有之。何以知其兼而有之?以其兼而食焉④。何以知其兼而食焉?四海之内,粒食之民,莫不犓牛羊,豢犬彘,洁为粢盛酒醴,以祭祀于上帝鬼神。天有邑人⑤,何用弗爱也?且吾言:‘杀一不辜者,必有一不祥。’杀不辜者谁也?则人也。予之不祥者谁也?则天也。若以天为不爱天下之百姓,则何故以人与人相杀而天予之不祥?此我所以知天之爱天下之百姓也。

“顺天意者,义政也。反天意者,力政也。然义政将奈何哉⑥?”子墨子言曰:“处大国不攻小国,处大家不篡

---

①“得其”,依上文当为“其得”。②依上文“鬼”下当有“神”字。③殁:有的本子作“没”,终了的意思。④食:指“天”享用下民的祭品,即下文“牛羊”、“酒醴”等(参见《天志下》)。⑤天有邑人:即《法仪》篇所谓“今天下无大小国,皆天之邑也。人无幼长贵贱,皆天之臣也。”意思是:普天下所有的邑、所有的人,都是天的邑、天的人,都属天所有。⑥依文例,疑“然”下脱“则”字。

小家，强者不劫弱，贵者不傲贱，多诈者不欺愚①。此必上利于天，中利于鬼，下利于人。三利，无所不利，故举天下美名加之，谓之圣王。力政者则与此异，言非此，行反此，犹倖驰也②。处大国攻小国，处大家篡小家，强者劫弱，贵者傲贱，诈者欺愚。此上不利于天，中不利于鬼，下不利于人。三不利，无所利，故举天下恶名加之，谓之暴王。”

子墨子言曰：“我有天志，譬若轮人之有规，匠人之有矩。轮匠执其规矩，以度天下之方圆，曰：‘中者是也③，不中者非也。’今天下之士君子之书不可胜载，言语不可尽计，上说诸侯，下说列士，其于仁义则大其远也。何以知之？曰我得天下之明法以度之。”

【翻译】

墨先生说：“现在天下的士君子，只懂得小道理，不懂得大道理。从哪里知道是这样的呢？从他们居身于家的情况知道的。比如一个人居身于家得罪了家长，还有邻家可以逃避。这样他的父母弟兄和熟人还互相告

---

①“多”字当删。中篇及《兼爱中篇、下篇》文句同此，均无“多”字。②倖：疑原书作“倍”，通“背”。倍驰：即背驰。③中（zhòng众）：合。

诫，都说：'不可不警惕啊！不可不谨慎啊！哪有居身于家却可以做出得罪家长的事呢？'不只居身于家是这样，就是居身于国也是这样。居身于国得罪了国君，还有邻国可以逃避。这样他的父母弟兄和熟人还互相告诫，都说：'不可不警惕啊！不可不谨慎啊！哪有居身于国可以做出得罪国君的事呢？'这是有地方逃避的，互相告诫尚且如此郑重，何况没有地方逃避的，互相告诫岂不更为郑重才可以吗？而且俗语有这样的话：'在青天白日之下，得罪了天老爷，往哪里逃避？'就是说，没有地方逃避。天是不可因有密林深谷僻静无人之处就能逃避的，它明察一切，什么都看得见。然而天下的士君子，对于得罪了天，总是马马虎虎不知互相告诫。因此我知道天下的士君子只懂得小道理，不懂得大道理。

"那么，天又喜爱什么、憎恶什么呢？天喜爱的是义，憎恶的是不义。那么，率领天下的百姓去行义，就是我做了天所喜爱的事。我做了天所喜爱的事，天也会做我所喜爱的事。那么，我喜爱什么，憎恶什么呢？我喜爱福禄，憎恶灾祸。那么，率领天下的百姓去做不义的事，就是我做了天所不喜爱的事。我做了天所不喜爱的事，天也会做我所不喜爱的事，那我就是率领天下的百姓去做陷于灾祸的事。那么，怎么知道天喜爱的是义，憎恶的是不义呢？常言说，天下有义就生，没有义就死；

有义就富，没有义就穷；有义就太平，没有义就混乱。那么天必然喜爱其生，憎恶其死；喜爱其富，憎恶其穷；喜爱其太平，憎恶其混乱。因此我知道天喜爱的是义，憎恶的是不义。”

墨先生接着说：“而且所谓义，就是‘正’。不能由下面的去管着上面的，一定是由上面的去管着下面的。所以百姓尽力做事，不能放纵自己而自以为是，有士去管着他们；士尽力做事，不能放纵自己而自以为是，有卿大夫去管着他们；卿大夫尽力做事，不能放纵自己而自以为是，有三公诸侯去管着他们；三公诸侯尽力处理政务，不能放纵自己而自以为是，有天子管着他们；天子不能放纵自己而自以为是，有天管着他。天子要管着三公、诸侯、卿大夫、士、百姓，天下的士君子向来都清楚地懂得这个道理；但天要管着天子，天下的百姓还没有能清楚地懂得这个道理。所以从前夏、商、周三代的圣王大禹、成汤和文王、武王，都要求用天管着天子的道理明白地教导天下的百姓，因而没有哪个不专心喂好牛羊，养好猪狗，把酒食祭品准备得干干净净，用来祭祀上帝鬼神，向天求福。我从来没有听到过天要向天子求福的。因此我知道天是管着天子的。

“天子是天下最贵的人，也是天下最富的人，所以要求富贵的人承受天意时不可不顺从。顺从天意的人，共同相爱,交互相利,必定会得到天的奖赏;违反天意的人,彼此相恨,交互相害,必定受到天的惩罚。那么,谁是顺从天意而得到奖赏的人?谁是违反天意而受到惩罚的人?”墨先生接着说:“从前夏、商、周三代的圣王大禹、成汤和文王、武王,这都是顺从天意而得到奖赏的人;从前夏、商、周三代的暴君桀、纣和幽王、厉王,这都是违反天意而受到惩罚的人。那么,大禹、成汤和文王、武王怎么会得到奖赏的呢?”墨先生接着说:“他们做的是上,就尊敬天;做的中,就供奉鬼神;做的下,就爱护人民。因而天意说:‘这就是我所爱的人都共同相爱,我要他们得到福利的人都交相互利。爱人的事,这算最广泛的,利人的事,这算最深厚的。’所以天就使他们贵到做了天子,富到占有天下,传给万代子孙,人人称赞他们的美德,遍及天下,至今还赞扬他们,称他们为圣王。那么,桀、纣和幽王、厉王怎么会受到惩罚的呢?”墨先生又接着说:“他们做的是上就咒骂天,是中就诬蔑鬼神,是下就杀害人民,因而天意说:‘这就是我要他们相爱的人却彼此相恨,我要他们得到福利的人却交互相害。使人相恨的事,这算最为广泛的了,使人相害的事,这算最为严重的了。’所以天就使他们不得活到老,不能终其身,至今人们还唾骂他们,把他们叫做暴君。

“那么,怎么会知道天爱天下的百姓呢?因为天完全了解天下的百姓。怎么知道天完全了解天下的百姓呢？因为天下的百姓全都归天所有。怎么知道天下的百姓全都归天所有呢？因为天普遍地享用天下百姓的祭品。怎么知道天普遍地享用天下百姓的祭品呢？因为普天下凡是以谷为食的人，没有哪个不专心喂好牛羊，养好猪狗，把酒食祭品准备得干干净净，去祭祀上帝鬼神。普天下全部的邑、所有的人都属天所有，天怎么不爱天下的百姓呢？而且我说过：'杀一个无罪的人，必定遭受一种祸殃。'杀无罪的是谁呢？是人。降给祸殃的是谁呢？是天。如果以为天不爱天下的百姓，那么为什么人与人相杀天要降祸给人呢？因此我知道天是爱天下的百姓的。

"顺从天意的，是以义服人的政治；违反天意的，是以力制人的政治。那么以义服人的政治是怎样的呢？"墨先生又接着说："位居大国的不侵略小国，位居大家的不抢夺小家，强的不威胁弱的，贵的不压制贱的，狡猾的不欺骗老实的。这就一定上有利于天，中有利于鬼，下有利于人。有这三利，就无所不利了，所以把天下所有的美名都加在他身上，称他为圣王。以力制人的就跟这个不同，言语跟这相背，行为跟这相反，如同背道而驰。位居大国的侵略小国，位居大家的抢夺小家，强的威胁弱的，贵的压制贱的，狡猾的欺骗老实的。这就上不利于天，中不利于鬼，下不利于人。有这三不利，就一无所利了，所以把天下所有的恶名都加在他身上，把他叫做暴君。”

墨先生说：“我有了论‘天志’的原则，好比造轮子的工人有了圆规、木匠有了矩尺一样。造轮子的工人和木匠拿起圆规和矩尺，去量天下的方和圆的东西，说：‘合乎规矩的是对的，不合规矩的是不对的。’现在天下士君子的书多得没法运载，言语多得没法计算，对上劝说诸侯，对下劝说有名望的人，但他们距离仁义却太远了。怎么知道是这样的呢？回答是：我有天下最明确的准则可以衡量它。”

明鬼下(节选)

墨子主张“尊天事鬼”,此篇极力证明鬼神不仅存在,而且能“赏贤而罚暴”。墨子列举古代的传闻,古籍中有关鬼神的记载及古代圣王注重祭祀的事实,证明有鬼而且灵验,这是墨子的宗教迷信思想。

在墨子看来,“天”和“鬼神”对人是公平合理的。鬼神的赏罚不是专对付平民的,对于富贵者,乃至天子,也是一样。“天”和“鬼神”也是“为万民兴利除害”的。这些,虽属迷信,却也曲折地表现了他的政治思想。

子墨子言曰："逮至昔三代圣王既没，天下失义，诸侯力正[①]，是以存夫为人君臣上下者之不惠忠也，父子弟兄之不慈孝弟长贞良也，正长之不强于听治，贱人之不强于从事也，民之为淫暴寇乱盗贼，以兵刃毒药水火退无罪人乎道路率径[②]，夺人车马衣裘以自利者并作，由此始，是以天下乱。此其故何以然也？则皆以疑惑鬼神之有与无之别，不明乎鬼神之能赏贤而罚暴也。今若使天下之人，偕信鬼神之能赏贤而罚暴也[③]，则夫天下岂乱哉？"

今执无鬼者曰："鬼神者固无有。"旦暮以为教诲乎天下，疑天下之众，使天下之众皆疑惑乎鬼神有无之别，是以天下乱。是故子墨子曰："今天下之王公大人士君子，实将欲求兴天下之利，除天下之害，故当鬼神之有与无之别，将不可以不明察此者也。"

……

今执无鬼者曰："意不忠亲之利而害为孝子乎[④]？"子墨子曰："古今之为鬼[⑤]，非他也，有天鬼，亦有山水鬼神者，亦有人死而为鬼者。今有子先其父死，弟先其兄死者矣，意虽使然[⑥]，然而天下之陈物曰[⑦]：先生者先死。

---

① 正：通"征"。以武力侵争。 ② 退：阻止、阻拦。率：通"术"，路。 ③ 偕：通"皆"。 ④ 忠：通"中（zhòng 重）"，符合之意。 ⑤ 为：通"谓"。 ⑥ 意：通"抑"语首助词。 ⑦ 陈物：陈说故事，即常例、惯例之意。

若是，则先死者非父则母，非兄而姒也①。今洁为酒醴粢盛，以敬慎祭祀。若使鬼神请有②，是得其父母姒兄而饮食之也，岂非厚利哉？若使鬼神请亡③，是乃费其所为酒醴粢盛之财耳。且夫费之，非特注之污壑而弃之也④，内者宗族，外者乡里，皆得如具饮食之⑤。虽使鬼神请亡，此犹可以合欢聚众，取亲于乡里。”今执无鬼者言曰：“鬼神者固请无有，是以不共其酒醴粢盛牺牲之财。吾非乃今爱其酒醴粢盛牺牲之财乎⑥，其所得者，臣将何哉⑦？”此上逆圣王之书，内逆民人孝子之行，而为上士于天下，此非所以为上士之道也。是故子墨子曰：“今吾为祭祀也，非直注之污壑而弃之也。上以交鬼之福⑧，下以合欢聚众取亲乎乡里。若神有⑨，则是将吾父母兄姒而食之也。则此岂非天下利事也哉？”

是故子墨子曰：“今天下之王公大人士君子，中实将欲求兴天下之利，除天下之害，当若鬼神之有也，将不可不尊明也，圣王之道也。”

---

① 而：犹“则”。姒（sì四）：此指嫂嫂。下同。 ② 请：通“诚”，确实。下同。 ③ 亡：无，没有。下同。 ④ 特：直，径直的意思。 ⑤ 如：通“而”。 ⑥ “吾非乃今”，有的本子作“我今乃非”，可从。爱：吝啬，舍不得。 ⑦ “臣”字误，有的本子无此字。 ⑧ “鬼”下当有“神”字。交：通“徼（yāo腰）”，当“邀”用，求取之意。 ⑨ 若神有：当作“若鬼神诚有”。

【翻译】

墨先生说："及至往古三代圣王去世以后，天下失义，诸侯用武力侵争，所以存在着为君的不惠，为臣的不忠，父子兄弟不慈爱、不孝顺、不恭敬、不友爱、不坚贞、不善良，长官不努力从政，平民不努力做事，百姓为了私利去做盗贼作乱，用武器毒药水火，在道路上拦阻无罪的人，抢劫别人的车马衣裘，以上的坏事一并兴起，由此开始，于是天下大乱。这其中是什么缘故呢？那就是由于大家在辨别鬼神的有无问题上迷惑不清，不明白鬼神能够赏贤罚暴啊。现在假如天下的人都相信鬼神能赏贤罚暴，那么这天下哪会大乱呢？"

现在持无鬼论的人说："鬼神本来就没有。"成天拿这句话来教诲天下的人，迷惑天下的民众，使天下的民众都在辨别鬼神的有无问题上迷惑不清，所以天下大乱。因此墨先生说："现在天下的王公大人士君子，如果确实想要谋求兴天下之利，除天下之害，那么对鬼神的有无，就不能不弄清楚。"

……

现在主张无鬼的人说："恐怕不符合父母亲的利益，而对于作孝子有害吧？"墨先生说："古今所说的鬼，没有别的，有天鬼，也有山水之鬼神，也有人死后变成鬼的。现在有儿子比他父亲先死，弟弟比他兄长先死的，尽管如此，但天下的常例仍是：先出生的人先死。这样，那么先死的人不是父亲就是母亲，不是哥哥就是嫂嫂了。现在准备好洁净的酒食祭品，用来恭敬而小心地祭祀。假若鬼神确实有，就是自己的父母兄嫂来享用祭品，这岂不是很大的利益吗？假若鬼神确实没有，这就花费了你备办酒食祭品的钱财啊。而那样花费，并不是像倒入脏水沟里那样白白地丢掉，而是使内部同一宗族的人，外部同一乡里的人都能得到吃喝。即使鬼神确实没有，这种祭祀还可以聚众联欢，使乡里的人获得和睦结交的机会。"现在主张无鬼的人说："鬼神这东西本来确实没有，所以不该供奉那些酒食牲畜等祭品。我现在不是爱惜这些酒食牲畜等祭品，而是想到我得到的将会是什么呢？"这对上违背圣王的遗训，对下违背作人作孝子的品行，却想在世上做品德高尚的人，这不是做品德高尚者的原则。所以墨先生说："现在我们从事祭祀活动，并不是直接把祭品倒入脏水沟丢掉啊，而是上可求得鬼神的赐福，下可聚众联欢，使乡里的人得到亲密接触的机会。假若鬼神确实有，那么就是给我们的父母兄嫂享用祭品了。这难道不是天下最有利的事情吗？"

所以墨先生说："现在天下的王公大人士君子，确实想要谋求兴天下之利，除天下之害，倘若有鬼神存在，那就不能不尊重事实而明确承认它。这是圣王的主张啊。"

非 乐 上

"非乐",就是反对搞音乐活动。

墨子为什么要反对搞音乐活动呢?在他看来,并不是音乐不好听,而是王公大人搞音乐活动不能解决广大人民最迫切的生活问题,反而会加重人民的负担,不合万民之利。墨子认为:"民有三患:饥者不得食,寒者不得衣,劳者不得息。三者民之巨患也。"而王公大人搞音乐活动,"将必厚措敛乎万民","亏夺民衣食之财",所以必须反对。

墨子的这一思想在当时有它一定的积极意义。但他视一切音乐都无补于社会,必须完全禁止,则有一定的片面性。

子墨子言曰："仁人之事者，必务求兴天下之利，除天下之害，将以为法乎天下。利人乎，即为；不利人乎，即止。且夫仁者之为天下度也，非为其目之所美，耳之所乐，口之所甘，身体之所安。以此亏夺民衣食之财，仁者弗为也。"是故子墨子之所以非乐者，非以大钟鸣鼓琴瑟竽笙之声以为不乐也，非以刻镂华饰文章之色以为不美也①，非以犓豢煎炙之味以为不甘也②，非以高台厚榭邃野之居以为不安也③。虽身知其安也，口知其甘也，目知其美也，耳知其乐也，然上考之不中圣王之事，下度之不中万民之利，是故子墨子曰："为乐非也。"

今王公大人虽无造为乐器以为事乎国家④，非直掊潦水、折壤垣而为之也⑤，将必厚措敛乎万民⑥，以为大钟鸣鼓琴瑟竽笙之声。然则当用乐器⑦，譬之若圣王之为舟车也，即我弗敢非也⑧。古者圣王亦尝厚措敛乎万

---

① 刻镂：雕刻。"华"下脱"饰"字。章：彩色。 ② 犓（chú除）：即"刍"。犓豢（huàn 唤）：牛羊犬豕之类的家畜。 ③ 台：高而上平的建筑物。台上盖的高屋称榭（xiè）。邃（suì 遂）：深远。野：通"宇"，指房屋。 ④ 虽（wéi）：通"唯"。无：语助词。下文同。 ⑤ 掊（póu 抔）：以手捧。潦（lǎo 老）水：雨后地面的积水。"折"当作"拆"。壤垣：即土墙。 ⑥ 措敛：同"籍敛"，即税收。 ⑦ 当：通"倘"。下同。 ⑧ 即：通"则"。下同。

民，以为舟车，既以成矣，曰：吾将恶许用之[1]？曰：舟用之水，车用之陆，君子息其足焉，小人休其肩背焉。故万民出财赍而予之[2]，不敢以为戚恨者，何也？以其反中民之利也。然则乐哭反中民之利亦若此，即我弗敢非也。民有三患：饥者不得食，寒者不得衣，劳者不得息。三者民之巨患也。然即当为之撞巨钟，击鸣鼓，弹琴瑟，吹竽笙而扬干戚[3]，民衣食之财将安可得乎[4]？即我以为未必然也。意舍此[5]，今有大国即攻小国，有大家即伐小家，强劫弱，众暴寡，诈欺愚，贵傲贱，寇乱盗贼并兴，不可禁止也。然即当为之撞巨钟，击鸣鼓，弹琴瑟，吹竽笙而扬干戚，天下之乱也，将安可得而治与？即我未必然也。是故子墨子曰："姑尝厚措敛乎万民[6]，以为大钟鸣鼓琴瑟竽笙之声，以求兴天下之利，除天下之害，而无补也。"是故子墨子曰："为乐非也。"

今王公大人惟毋处高台厚榭之上而视之，钟犹是延鼎也[7]。弗撞击，将何乐得焉哉？其说将必撞击之。惟勿撞击[8]，将必不使老与迟者[9]。老与迟者，耳目不聪

---

① 恶（wū 乌）：何。许：所。恶许：何所，即何处的意思。② 赍（jī 基）：送东西。③ 扬：举起。干：盾牌。戚：一种形似斧的兵器。④"得"下当补"而具"二字。⑤ 意：通"抑"，或者。⑥ 姑：且。尝：试。⑦ 延：通"诞"。诞鼎：大鼎。⑧ 勿：语词。"惟勿"犹"唯毋"。⑨ 迟：通"稚"。

明，股肱不毕强①，声不和调，明不转朴②；将必使当年③，因其耳目之聪明，股肱之毕强，声之和调，眉之转朴。使丈夫为之，废大夫耕稼树艺之时；使妇人为之，废妇人纺绩织纴之事。今王公大人惟毋为乐，亏夺民衣食之财，以拊乐如此多也④。是故子墨子曰："为乐非也。"

今大钟鸣鼓琴瑟竽笙之声既已具矣，大人鏽然奏而独听之⑤，将何乐得焉哉？其说将必与人。与君子听之，废君子听治；与贱人听之，废贱人之从事。今王公大人惟毋为乐，亏夺民衣食之财，以拊乐如此多也，是故子墨子言曰："为乐非也。"

昔者齐康公兴乐《万》⑥，《万》人不可衣短褐⑦，不可食糠糟⑧，曰：食饮不美，面目颜色不足视也；衣服不美，身体从容不足观也⑨。是以食必粱肉，衣必文绣。此掌不从事乎衣食之财⑩，而掌食乎人者也。是故子墨子曰："今王公大人惟无亏夺民衣食之财，以拊乐如此多也。"

---

① 毕强：即"毕劼"，形容有力的样子。 ② 明：疑作"鸣"。朴：急速。 ③ 当年：壮年。 ④ 拊（fǔ 府）：击。拊乐：击奏乐器。 ⑤ 鏽：疑为"肃"的误字。肃然：静然。 ⑥ 齐康公：战国时齐国国君，名贷，齐宣公之子。兴：犹"喜"。《万》：古代舞名。 ⑦ 短褐：即"裋（shù 树）褐"粗布衣服。 ⑧ 糠糟：即"糟糠"，指酒糟、谷皮。比喻粗劣的食物。 ⑨ 从容：古代指举动。 ⑩ 掌：通"常"。

是故子墨子曰:"为乐非也。"

今人固与禽兽麋鹿蜚鸟贞虫异者也①。今之禽兽麋鹿蜚鸟贞虫,因其羽毛以为衣裘,因其蹄蚤以为绔屦②,因其水草以为饮食。故唯使雄不耕稼树艺③,雌亦不纺绩织纴,衣食之财固已具矣。今人与此异者也:赖其力者生,不赖其力者不生。君子不强听治,即刑政乱④;贱人不强从事,即财用不足。今天下之士君子以吾言不然,然即姑尝数天下分事而观乐之害⑤:王公大人蚤朝晏退⑥,听狱治政,此其分事也;士君子竭股肱之力,亶其思虑之智⑦;内治官府,外收敛关市山林泽梁之利,以实仓廪府库,此其分事也;农夫蚤出暮入,耕稼树艺,多聚叔粟⑧,此其分事也;妇人夙兴夜寐,纺绩织纴,多治麻丝葛绪綑布缲⑨,此其分事也。今惟毋在乎王公大人说乐而听之,即必不能早朝晏退,听狱治政,是故国家乱而社稷

① 蜚(fēi 非):通"飞"。"蜚鸟"即"飞鸟"。贞虫:同"征虫",即昆虫。 ② 蚤:通"爪"。绔(kù 库):同"袴",即裤。 ③ 唯:通"虽"。 ④ 即:通"则"。下文同。 ⑤ 数(shǔ 暑):列举。分(fèn 份)事:份内职务。观:考察。 ⑥ 蚤:通"早"。晏:迟。 ⑦ 亶(dàn 旦):通"殚",尽的意思。 ⑧ 叔:通"菽",豆类总称。菽粟:概指粮食作物。 ⑨"绪"当"纻(zhù 住)"用。纻:苎麻。綑(kǔn 捆):织。缲(shān 衫):缣帛,一种生丝织成的薄纱、薄绢。綑布缲:即织布帛。

危矣。今惟毋在乎士君子说乐而听之，即必不能竭股肱之力，亶其思虑之智，内治官府，外收敛关市山林泽梁之利，以实仓廪府库，是故仓廪府库不实。今惟毋在乎农夫说乐而听之，即必不能蚤出暮入，耕稼树艺，多聚叔粟，是故叔粟不足。今惟毋在乎妇人说乐而听之，即必不能夙兴夜寐，纺绩织纴，多治麻丝葛绪絪布縿，是故布縿不兴①。曰：孰为大人之听治而废国家之从事②？曰：乐也。是故子墨子曰："为乐非也。"

何以知其然也？曰：先王之书汤之《官刑》有之③，曰："其恒舞于宫④，是谓巫风。其刑：君子出丝二卫⑤，小人否⑥，似二伯黄径⑦。"乃言曰⑧："呜呼！舞佯佯⑨，黄言孔章⑩。上帝弗常⑪，九有以亡⑫。上帝不顺，降之百舛⑬，其家必坏丧。"察九有之所以亡者，徒从饰乐

① 兴：盛，多。 ② 此句当作："孰为而废大人之听治，贱人之从事？"（依俞樾校） ③《官刑》：传说是商汤在建国初期制定的法律。 ④ 恒：常。 ⑤ 卫：通"纬"，束。 ⑥ 否：疑为"倍"之省。倍：加重。 ⑦ "似二伯黄径"应作"以二百黄经"。经：指丝类。 ⑧ "乃言曰"疑当作"《大誓》曰"。 ⑨ "舞"上当补"万"字。佯佯：或作"洋洋"，众多的样子。 ⑩ 黄言孔章："黄"通"簧"，谓笙中簧。"言"当作"音"。黄音：指吹笙鼓簧的声音。孔：很。章：彰明。 ⑪ 常：通"尚"，"佑"的意思。 ⑫ 九有：九州。这里指国家。以：因。 ⑬ 舛：即"殃"。

也[1]。于《武观》曰[2]:“启乃淫溢康乐,野于饮食[3],将将铭苋磬以力[4]。湛浊于酒[5],渝食于野[6],《万》舞翼翼[7],章闻于天,天用弗式[8]。”故上者天鬼弗戒[9],下者万民弗利。是故子墨子曰:“今天下士君子,请将欲求兴天下之利[10],除天下之害,当在乐之为物,将不可不禁而止也。”

【翻译】

墨先生说:“仁人做事,必须要求兴天下之利,除天下之害,将以此作为天下的法则。利于人,就做;不利于人,就不做。且仁人是为天下人谋利,并不是为了追求自己眼所爱看的美色、耳所喜听的音乐、嘴所爱吃的美味,身体所感到的安逸。为着追求这些东西去夺取人民穿衣吃饭的钱财,仁人是不做的。”因此墨先生反对搞音乐活动的原因,不是认为大钟鸣鼓琴瑟竽笙之声不悦耳,不是认为雕刻装饰文采之色不美丽,不是认为牛羊

---

① 徒:仅仅。“饰乐”犹“为乐”。 ②《武观》:指《逸书·武观》篇。武观为夏君的第五子。《武观》就是以叙述武观的事情而命名。 ③ 野:放纵。 ④ 将将:即“锵锵”。“铭”,为“金石”二字之误合。“锵锵金石”,形容乐声之盛。苋:通“莞(管)”。磬(qìng 庆):古乐器名。 ⑤ 湛浊:即“沉湎”,沉溺的意思。“浊”为“沔”之形讹。“湛沔”即“沉湎”。 ⑥ 渝:通“歈”,歌的意思。 ⑦ 翼翼:盛。 ⑧ 用:以。式:用。 ⑨ 戒:当作“式”。⑩ 请:通“诚”。

犬豕烹调之味不甘美，也不是以为高台厚榭深宫广厦之居不舒适。虽然身体感到舒适，嘴里感到甘美，眼睛觉得好看，耳朵觉得好听，但是向上考察它不合圣王之事，向下考虑它不合万民之利，所以墨先生说："搞音乐是不对的。"

现在王公大人在国家中以制造乐器为事，这不是只像用手捧水或拆掉土墙那样很容易做成，而一定要向广大人民征收重税，才能用来制成大钟、鸣鼓、琴瑟、竽笙之类的乐器。那么倘若制造有用的乐器，如像圣王制作车船一样，那我不敢反对。古代圣王也曾向广大人民征收重税，以制造车船，既已做成了，问道：我们将在哪里使用它呢？回答是：船用在水里，车用在陆地，王公贵族省得走路，平民百姓省得肩挑背扛。因此广大人民拿出钱来供给圣王造车船，没有因此而感到怨恨的，这是什么缘故呢？因为它反而符合人民的利益啊。那么如果制造的乐器反而符合人民的利益也像这样，那我是不敢反对的。现在百姓有三大灾难：挨饿的人得不到饭吃，受冻的人得不到衣服穿，劳动的人得不到休息。这三者是百姓最大的灾难。那么给王公大人敲大钟，擂响鼓，弹琴瑟，吹竽笙，舞干戚，百姓的衣食之财于是将会得以具备吗？我认为未必能得以具备。或者撇开这一点暂且不说，现在有大国将攻小国，有大家族将攻打小家族，强横的劫掠软弱的,人多的糟蹋人少的,奸诈的欺骗老实的,高贵的傲视卑贱的,外敌内乱强盗窃贼一并兴起,无法禁止。那么给王公大人敲大钟,擂响鼓,弹琴瑟,吹竽笙,舞干戚,天下的混乱难道就能得到治理吗?我以为未必能得到治理。所以墨先生说:“姑且试着向百姓征收重税,用来制造大钟鸣鼓琴瑟竽笙之类的乐器,想以此求兴天下之利,除天下之害,是无补于事的。”因此墨先生说:“搞音乐是不对的!”

现在王公大人居于高台厚榭之上远远观看,那巨钟就像大鼎一样。若不撞击,哪里会得到什么乐趣呢?这就是说必须撞击它。要撞击,一定不能用老人和儿童。老人和儿童,因为他们耳目不聪明,手脚无力,撞击出的钟声不和谐,音调不能和谐,鸣声不能迅速变化;一定要用壮年的人,因为他们耳聪目明,手脚强劲有力,撞击出的钟声音调和谐,鸣声能迅速变化。叫男人去做这件事,会荒废男人耕田种地的时间;叫妇女去做这件事,会耽误妇女纺纱织布的事情。现在王公大人搞音乐,夺取百姓吃饭穿衣的钱财,而演奏音乐又如此之多。所以墨先生说:“搞音乐是不对的!”

现在大钟、鸣鼓、琴瑟、竽笙之类的乐器已经具备了,大人静静地奏乐独自听它,会得到什么乐趣呢?他说必须同别人共同听奏。同王公贵族一起听音乐,会耽误君子处理政务，同平民百姓一起听音乐，会荒废平民百姓从事的生产劳动。现在王公大人搞音乐，夺取百姓吃饭穿衣的钱财，演奏活动又如此之多，所以墨先生说："搞音乐是不对的！"

从前齐康公喜好《万》舞之乐，表演《万》舞的人不能穿粗布衣服，不能吃粗劣的食物，说：吃的喝的不甘美，脸上颜色就不好看；穿的衣服不漂亮，身段动作就不美观。因此吃的必须是精美的饭菜，穿的必须是华丽的衣服。这些舞人经常不从事衣食财富的生产，而是依赖别人供给衣食。所以墨先生说："现在王公大人搞音乐活动，夺取百姓吃饭穿衣的钱财，演奏又如此之多啊。"因此墨先生说："搞音乐是不对的！"

现在的人确实与禽兽麋鹿飞鸟昆虫不一样。现在的禽兽麋鹿飞鸟昆虫，用它们的羽毛当作衣裘，用它们的蹄爪当作鞋裤，用各处都有的水草当作饮食。所以虽然雄的不耕田种地，雌的也不纺纱织布，但它们吃饭穿衣的必需品早就具备了。现在的人与禽兽是不同的，依靠自己出力的人就能生活，不依靠自己出力的人就不能生活。王公贵族不努力管理国政，国家就会混乱；平民百姓不努力从事生产劳动，财用就不充足。现在天下的士君子假如认为我的话不对，那就且举人们份内应尽职责以观搞音乐之害：王公大人早朝晚退，处理刑狱政事，这是他们份内的事；士君子竭其能力，尽其智慧，对内治理官府的事情，出外征收关口集市、山地林木、川泽桥梁之税，用以充实粮仓钱库，这是他们份内的事；农夫早出晚归，耕田种地，多收粮食，这是他们份内的事；妇女早起晚睡，纺纱织布，多绩丝麻，多织布帛，这是她们份内的事。现在王公大人喜好音乐而整天听它，就必定不能早朝晚退，处理刑狱政事，因而国家混乱江山难保。现在士君子喜好音乐而整天听它，就必定不能竭其能力，尽其智慧，不能对内治理官府的事情，外出征收关口集市、山地林木、川泽桥梁之税，用以充实粮仓钱库，因而粮仓钱库就不充实。现在要是农夫喜好音乐而整天听它，就必定不能早出晚归，耕田种地，多收粮食，因而粮食就不够用。现在要是妇女喜好音乐而整天听它，就必定不能早起晚睡，纺纱织布，不能多绩丝麻多织布帛，因而布帛绢丝就不多。试问：什么事荒废了大人处理政务，百姓从事生产劳动呢？回答：是音乐。所以墨先生说："搞音乐是不对的！"

怎么知道是这样的呢？先王的书即商汤时的《官刑》上就有记载。书上说："夜以继日地在宫廷里歌舞，这叫做巫风。对此的刑罚是：贵族罚丝二束，平民加倍，拿二百黄丝。"《大誓》上说："啊！舞《万》舞的人如此众多，吹笙鼓簧的声音多么响亮。上帝不保佑他们，国家将因此而灭亡。上帝不依从他们，会降给他们各种各样的祸殃，他们的家族必将毁灭沦丧。”考察国家灭亡的原因，只是因为搞音乐啊。在《武观》中说：“夏启过分贪图享乐，在野外宴游饮食。金石锵锵，致力于管磬，沉溺于饮酒，在野外宴游之所唱歌取乐，《万》舞声势十分盛大，响亮的歌声飞上云天，但上帝却不用。”所以音乐对上来说上帝鬼神不用，对下来说又于万民不利。因此墨先生说：“现在天下的士君子如果真心希望兴天下之利，除天下之害，那么对音乐这种东西，是不能不加以禁止的。”

非 命 上

“非命”就是反对“有命”论。这也是墨学的纲领之一。

墨子在本篇极力驳斥“有命”论。他认为那种“命里该富就富，命里该穷就穷”的“有命”论是天下的大害。为了对“有命”论加以明辨，他提出了“言必有三表（中篇、下篇作‘三法’）”，作为立言的总原则，论证了“有命”论的荒谬和危害。他的“三表”，即从历史上考察古代圣王的经验，从当前考察百姓耳闻目睹的实情，从客观效果上考察它是否符合国家人民的利益。这表明墨子的认识论和判断真理的标准是唯物主义的。墨子思想中许多带有人民性的进步的思想，都是坚持这一立场观点而产生发展出来的。

子墨子言曰："古者王公大人为政国家者，皆欲国家之富，人民之众，刑政之治，然而不得富而得贫，不得众而得寡，不得治而得乱，则是本失其所欲，得其所恶。是故何也？"子墨子言曰："执有命者以杂于民间者众。执有命者之言曰：'命富则富，命贫则贫；命众则众，命寡则寡；命治则治，命乱则乱；命寿则寿，命夭则夭。命，虽强劲，何益哉？'上以说王公大人①，下以驵百姓之从事②，故执有命者不仁。故当执有命者之言不可不明辨。"

然则明辨此之说将奈何哉？子墨子言曰："言必立仪。言而毋仪，譬犹运钧之上而立朝夕者也③，是非利害之辨不可得而明知也，故言必有三表。何谓三表？"子墨子言曰："有本之者，有原之者，有用之者。于何本之？上本之于古者圣王之事。于何原之？下原察百姓耳目之实。于何用之？发以为刑政，观其中国家百姓人民之利④。此所谓言有三表也。"

然而今天下之士君子，或以命为有，盖尝尚观于圣

---

①说（shuì 税）：劝说。此句下疑脱"废大人之听治"。②"以"下疑脱"说天下百姓"五字。驵：通"阻"，阻碍。③钧：制作陶器所用的转轮。朝夕：代指东西方向。④中（zhòng 众）：符合。

王之事[①]？古者桀之所乱，汤受而治之；纣之所乱，武王受而治之。此世未易，民未渝，在于桀纣则天下乱，在于汤武则天下治，岂可谓有命哉？

然而今天下之士君子，或以命为有，盖尝尚观于先王之书？先王之书所出国家布施百姓者，宪也。先王之宪亦尝有曰"福不可请，而祸不可讳[②]，敬无益，暴无伤"者乎？所以听狱制罪者，刑也。先王之刑亦尝有曰"福不可请，祸不可讳；敬无益，暴无伤"者乎？所以整设师旅[③]、进退师徒者，誓也。先王之誓亦尝有曰"福不可请，祸不可讳，敬无益，暴无伤"者乎？是故子墨子言曰："吾当未尽数天下之良书[④]，不可尽计数，大方论数[⑤]，而五者是也[⑥]。今虽毋求执有命者之言[⑦]不必得，不亦可错乎？"[⑧]

今用执有命者之言，是覆天下之义。覆天下之义者，是立命者也，百姓之谇也[⑨]。说百姓之谇者，是灭天下之人也。然则所为欲义人在上者何也？曰："义人在

---

① 盖(hé 合)：同"盍"，何不。② 讳：通"违"。③ 整设：整饬的意思。④ 当：通"尚"。⑤ 大方：即大较，大概。⑥ 五：当作"三"。⑦ 虽毋：犹唯毋。毋：语词，无意义。⑧ 错：废。⑨ "百姓"上依下文应有"说"字。"说"(yuè 月)：通"悦"。谇(suì 岁)：通"悴"，忧。

上，天下必治，上帝山川鬼神必有，干主、万民被其大利[①]。”何以知之？子墨子曰：“古者汤封于亳，绝长继短，方地百里，与其百姓兼相爱、交相利，利则分，率其百姓以上尊天事鬼，是以天鬼富之[②]，诸侯与之，百姓亲之，贤士归之，未殁其世而王天下、政诸侯[③]。昔者文王封于岐周，绝长继短，方地百里，与其百姓兼相爱、交相利，利则分，是以近者安其政，远者归其德。闻文王者皆起而趋之，罢不肖[④]、股肱不利者处而愿之，曰：‘奈何乎使文王之地及我吾[⑤]，则吾利岂不亦犹文王之民也哉[⑥]？’是以天鬼富之，诸侯与之，百姓亲之，贤士归之，未殁其世而王天下，政诸侯。乡者言曰[⑦]：‘义者在上，天下必治。上帝山川鬼神必有，干主、万民被其大利。’吾用此知之。”

是故古之圣王发宪出令，设以为赏罚以劝贤[⑧]。是以入则孝慈于亲戚[⑨]，出则弟长于乡里，坐处有度，出入有节，男女有辨。是故使治官府则不盗窃，守城则不崩叛[⑩]，君有难则死，出亡则送：此上之所赏而百姓之所誉

---

① 有：通“右”，即“佑”字。干主：这里指诸侯。 ②“富”一作“福”。 ③ 政：通“正”。正诸侯：即为诸侯之长。 ④ 罢（pí皮）：同“疲”。 ⑤ 吾：为“圄（yǔ宇）”的省文，“圄”即“圉”，犹边境。 ⑥“岂”上“利”字，疑当删。 ⑦ 乡：即“鄉”，从前。 ⑧“劝贤”下当有“沮暴”二字。 ⑨ 亲戚：古人称父母为亲戚。 ⑩ 崩：通“倍”，同“背”，背叛。

也。执有命者之言曰:“上之所赏,命固且赏,非贤故赏也。”是故入则不慈孝于亲戚,出则不弟长于乡里,坐处不度,出入无节,男女无辨。是故治官府则盗窃,守城则崩叛,君有难则不死,出亡则不送:此上之所罚、百姓之所非毁也。执有命者言曰:“上之所罚,命固且罚,不暴故罚也。”以此为君则不义,为臣则不忠,为父则不慈,为子则不孝,为兄则不长,为弟则不弟。而强执此者,此特凶言之所自生,而暴人之道也。

然则何以知命之为暴人之道?昔上世之穷民,贪于饮食,惰于从事,是以衣食之财不足,而饥寒冻馁之忧至。不知曰“我罢不肖,从事不疾”,必曰“我命固且贫”。昔上世暴王,不忍其耳目之淫①,心涂之辟②,不顺其亲戚,遂以亡失国家,倾覆社稷。不知曰“我罢不肖,为政不善”,必曰“吾命固失之”。于《仲虺之告》曰③:“我闻于夏④,人矫天命⑤,布命于下,帝伐之恶,龚丧其师。”⑥此言汤之所以非桀之执有命也。于《太誓》曰:“纣夷处,不

① 忍:矫。 ② 涂:术。“辟”通“僻”。 ③《仲虺之告》:《尚书》篇名。是商汤命丞相仲虺(huǐ 毁)所作,今佚。告:即诰,古代的一种告诫性的文章。 ④ 于:《非命中》作“有”。 ⑤ 矫:假托,诈称。 ⑥ 龚:通“用”,因而。

肯事上帝鬼神，祸厥先神禔不祀①。乃曰'吾民有命②，毋廖排漏③'。天亦纵弃之而弗葆④。"此言武王之所以非纣执有命也。今用执有命者之言，则上不听治⑤，下不从事。上不听治则刑政乱，下不从事则财用不足。上无以供粢盛酒醴祭祀上帝鬼神；外无以应待诸侯之宾客，降绥天下贤可之士；内无以食饥衣寒，将养老弱。故命上不利于天，中不利于鬼，下不利于人。而强执此者，此特凶言之所自生，而暴人之道也。

是故子墨子言曰："今天下之士君子，忠实欲天下之富而恶其贫，欲天下之治而恶其乱，执有命者之言不可不非，此天下之大害也。"

【翻译】

墨先生说："古时掌握国家政权的王公大人，都希望国家富、人民多、政治清明，但他们得到的不是国家富而是国家穷，不是人民多而是人民少，不是政治清明而是政治混乱，那就是说他们原来所希望的没有得到，却得到了他们所憎恶的。这是什么缘故呢？"墨先生接着回

① 祸：《非命中》作"弃"，《天志中》引亦作"弃"。 ②《天志中》无"民"字。"民"字疑当删。 ③"毋廖排漏"，《非命中》作"毋僇其务"，意思是不依赖鬼神。"毋僇"即无赖。 ④ 纵弃：放弃。葆：通"保"，保佑。 ⑤ 听治：犹言"听政"，处理政事。

答说:“这是因为主张有命的人夹杂在人民中间的太多了。主张有命的人说什么:‘命里该富就富,命里该穷就穷;命里该多就多,命里该少就少;命里该清明就清明,命里该混乱就混乱;命里该长寿就长寿,命里该夭折就夭折。凡事有命,即使你使很大劲儿,又有什么益处呢?’他们用这些话对上劝说王公大人,使王公大人不管政事,对下劝说天下百姓,阻挠百姓做工作,所以主张有命的人是不仁的。因此,对于那些主张有命的人的言论,不可不加以明辨。”

那么要怎样明辨这种言论呢?墨先生说:“立论必须有标准。立论没有标准,那就好比作瓦器要在转轮上定东西方向是定不准的一样,是非利害的辨别是不可能弄清楚的。因此立论必须有三个标准。三个标准是什么呢?”墨先生又接着说:“有考究来历的,有详察实情的,有检验效用的。从哪里考究来历呢?上要考究古代圣王的往事。从哪里详察实情呢?下要详察百姓耳闻目睹的实情。从哪里检验效用呢?用它作为社会政治的措施,观察它是否符合国家人民的利益。这就是立论的三个标准。”

但是现在天下的士君子,有人以为有命,何不向上代看一下圣王的往事呢?古代夏桀把天下搞乱了,商汤接受王位就治理了天下。殷纣把天下搞乱了,周武王接受王位就治理了天下。这时代没有改，人民没有变，可是在夏桀、殷纣的时候是天下大乱，在商汤、周武王的时候却天下太平了。这难道可以说有命吗？

但是现在天下的士君子，有人以为有命，何不从古代看一看先王的书呢？先王的书中出现的由国家颁布施行于全国百姓的法规，是宪法。先王的宪法曾经说过"幸福不能求得，灾祸不能避免，善良没有益处，凶恶没有害处"的话吗？国家用来审判狱讼制裁罪犯的法规，是刑法。先王的刑法曾经说过"幸福不能求得，灾祸不能避免，善良没有益，凶恶没有害处"的话吗？国家用来整治军队指挥士兵的法规，是军法。先王的军法曾经说过"幸福不能求得，灾祸不能避免，善良没有益处，凶恶没有害处"的话吗？所以墨先生说："我还没有完全统计过天下的好书，也不能完全统计，大概地说来，就是上述这三种。如今只要看在先王的书中找主张有命的人的那种话怎么也找不到，那种有命的主张不是也就可以放弃了吗？"

现在相信那些主张有命的人的话，这是毁天下之"义"。毁天下之"义"的人就是主张有命的人，他们喜欢百姓的忧愁。喜欢百姓忧愁的人，那是毁灭天下的人啊！那么大家喜欢义人在上是为什么呢？说："义人在上，天下就一定太平，上帝山川鬼神就一定保佑，诸侯万民就会得到很大的利益。”怎么知道会这样呢？墨先生说：“古时候成汤封在亳，全国的土地截长补短拉扯起来计算，方圆只有百里。成汤跟他的百姓共同相爱，相互得利，有多余的财物就分给别人，教导他的百姓尊敬上帝鬼神，所以上帝鬼神保佑他，诸侯帮助他，百姓热爱他，贤人归附他，他活着的时候就做了天下的王，成了诸侯的首领。从前文王封在岐周，全国的土地截长补短拉扯起来计算，方圆只有百里，文王跟他的百姓共同相爱，互相得利，有多余的财物就分给别人，所以近处的人乐意接受他的统治，远处的人佩服他的德行。凡是听到文王名声的，都一起赶到他那里去，有些懦弱无能、手脚不便的人住在家乡也盼望着他，说：‘怎样才能使文王的领土扩展到我们这里来，那样我们岂不也就像是文王的百姓了吗？’因此上帝鬼神保佑他，诸侯帮助他，百姓热爱他，贤人归附他，他活着的时候就作了天下的王，成了诸侯的首领。前面我说：‘义人在上，天下就一定太平，上帝山川鬼神就一定保佑，诸侯、万民就会得到很大的利益。’我就是由商汤、文王的往事知道的。”

所以古代的圣王颁布宪法和政令，设立赏罚条例，用来奖励贤人，惩制恶人。在家孝顺父母，在乡里尊敬长辈，起居有常规，出入有礼貌，男女有分别。因此派他治理官府就不会贪污，让他守城就不会背叛，国君有难，就拼死卫护，国君逃亡，就一心护送：这就是君上所奖赏、百姓所称赞的人。而主张有命的人却说什么："君上奖赏他，是他命里该得到奖赏，不是由于他贤良的缘故。"所以在家不孝顺父母，在乡里不尊敬长辈，起居没有常规，出入没有礼貌，男女混杂。因此派他治理官府就贪污，让他守城就背叛，国君有难，不愿拼死卫护，国君逃亡，不肯护送：这就是君上要惩罚、百姓要痛骂的人。主张有命的人却说："君上惩罚他，是他命里该受惩罚，不是由于他凶恶的缘故。"照这样做君就不义，做臣就不忠，做父就不慈，做子就不孝，做兄就不良，做弟就不敬。而坚持这种有命论，正是产生邪说的根源，是恶人的主张。

那么，怎么知道有命论就是恶人的主张呢？上古的穷民，贪图吃喝，做事偷懒，所以衣食的资料不够用。挨饿受冻的痛苦就跟着来了。他们不知道说"我懒惰无能，做事不勤快"，必然说"我命里注定应该贫穷"。上古的暴君，不能克制耳目的奢欲、心术的邪僻，不孝顺他的父母，因而国家灭亡，政权丧失。他们不知道说"我懈怠无能，执政不善"，必然说"我命里注定应该灭亡"。在《仲虺之告》里说："我听说夏桀假托天命坑害百姓，上帝清算他的罪恶，因而覆灭了他的军队。"这是成汤用来指责夏桀主张有命的话。在《太誓》里说："殷纣平时不肯供奉上帝鬼神，抛弃他的祖先和天地神灵，不肯祭祀。却说‘我有命，不依赖鬼神’。上天也就抛弃了他，不保佑他了。”这是武王用来指责殷纣主张有命的话。现在如果相信那些主张有命的人的话，那么君上就不管政事，百姓就不做工作。君上不管政事，社会政治就会混乱；百姓不做工作，物资供应就要缺乏。对上无法供给酒浆饭米以祭祀上帝鬼神；对外无法招待诸侯的宾客，安定天下的贤良之士；对内无法使挨饿的人有饭吃、受冻的人有衣穿，也无法养活年老幼弱的人。所以所谓命是上不利于天，中不利于鬼神，下不利于人民。如果坚持这种有命论，正是邪说产生的根源，是恶人的主张。

因此墨先生说：“现在天下的士君子，如果真心希望天下富裕，憎恶天下贫穷，希望天下安定，憎恶天下混乱，那就不可不驳斥那种主张有命的人的言论，因为这是天下的大害啊！”

非儒下（节选）

“非儒”就是批评儒家。

本篇前半部分是针对儒家在婚葬礼节上的矛盾及“强持有命”、“繁饰礼乐”、仁战等方面进行批评的，这些批评，切中了儒家的弊病，也多见于《墨子》其他篇。后半部分是针对有关孔子的一些传闻进行批评的，其文多见于《晏子春秋》，与史实亦有不合之处。我们节选的是前半部分。

儒者曰：“亲亲有术①，尊贤有等。”言亲疏尊卑之异

① 上“亲”字作动词，爱的意思。术：通“杀”，等差。

也。其《礼》①曰："丧父母三年，妻后子三年，伯父、叔父、弟兄、庶子其②，戚族人五月。"若以亲疏为岁月之数，则亲者多而疏者少矣，是妻、后子与父同也③。若以尊卑为岁月数，则是尊其妻、子与父母同，而亲伯父、宗兄而卑子也④，逆孰大焉？

其亲死，列尸弗敛⑤，登屋、窥井、挑鼠穴、探涤器，而求其人矣⑥。以为实在，则戆愚甚矣⑦。如其亡也，必求焉⑧，伪亦大矣。

取妻身迎⑨，祗褍为仆⑩，秉辔授绥⑪，如仰严亲⑫。昏礼威仪，如承祭祀。颠覆上下，悖逆父母，下则妻子，妻子上侵，事亲若此，可谓孝乎？儒者迎妻⑬："妻之奉祭祀，子将守宗庙，故重之。"应之曰："此诬言也！其宗兄守其先宗庙数十年⑭，死，丧之其；兄弟之妻奉其先之祭

---

①《礼》：指《仪礼·丧服》。 ② 庶子：嫡长子以外的众子。其：通"期"(jì 基)，一年为期。下同。 ③"父"下当脱"母"字。 ④ 亲：为"视"字之误。宗兄：庶子称年长于己的嫡子为宗兄。下"而"读"如"。卑子：即"庶子"，取卑小之义。 ⑤ 敛：通"殓"。 ⑥ 求其人：招魂的意思。"窥井、挑鼠穴、探涤器"等各种招魂的举动，在儒家礼丧中未见记载。 ⑦ 戆(gàng 杠)：愚。 ⑧ 如：当作"知"。 ⑨ 取：通"娶"。 ⑩ 褍(duān 端)：通"颛"，谨慎的样子。仆：驾车人。 ⑪ 秉：持。辔：缰绳。绥：拉着登车的绳索。 ⑫ 仰：迎。 ⑬ 迎：当为"曰"。"妻"字当删。 ⑭ 先：指祖先。

祀，弗服，则丧妻、子三年，必非以守奉祭祀也①。夫忧妻、子以大负絫②，有曰③：'所以重亲也。'为欲厚所至私，轻所至重，岂非大奸也哉？”

有强执有命以说议曰④：“寿夭贫富，安危治乱，固有天命，不可损益。穷达赏罚，幸否有极⑤。人之知力⑥，不能为焉。”群吏信之，则怠于分职⑦；庶人信之，则怠于从事。不治则乱⑧，农事缓则贫。贫且乱政之本⑨，而儒者以为道教⑩，是贼天下之人者也。

且夫繁饰礼乐以淫人，久丧伪哀以谩亲。立命缓贫而高浩居⑪，倍本弃事而安怠傲。贪于饮食，惰于作务，陷于饥寒，危于冻馁，无以违之。是若乞人，鼸鼠藏⑫，而羝羊视⑬，贲彘起⑭。君子笑之，怒曰：“散人焉知良儒⑮！”夫夏乞麦禾⑯，五谷既收，大丧是随⑰，子姓皆

---

①“守”下据上文当有“宗庙”二字。 ② 忧：通“优”。负：服的意思。絫（lěi 累）：重叠。 ③ 有：通“又”。 ④ 第一个“有”，当“又”用。 ⑤ 否：不幸。极：定数。 ⑥ 知：通“智”。 ⑦ 分（fèn 奋）职：份内的职责。 ⑧“不治”之上，当脱一“吏”字。 ⑨“政之本”上疑脱“倍”字，倍：通“背”。 ⑩ 道：通“导”。“导教”即“教导”。 ⑪ 缓贫：犹“安贫”，即甘心于贫困。浩居：同“傲倨（jù 句）”，傲慢。 ⑫ 鼸（jiān 尖）鼠：田鼠。 ⑬ 羝（dī 低）羊：公羊。 ⑭ 贲（fén 坟）即“豮”。豮彘：骟过的猪。 ⑮ 散人：平庸不材之人。 ⑯“夫”疑为“春”字之残。 ⑰ 大丧是随：即“随大丧”。

从①，得厌饮食。毕治数丧，足以至矣②。因人之家以为翠③，恃人之野以为尊，富人有丧，乃大说喜④，曰："此衣食之端也⑤！"

儒者曰："君子必古服言然后仁⑥。"应之曰："所谓古之服言者，皆尝新矣。而古人服之、言之则非君子也。然则必服非君子之服，言非君子之言，而后仁乎？"又曰："君子循而不作。"应之曰："古者羿作弓⑦，伃作甲⑧，奚仲作车⑨，巧垂作舟⑩。然则今之鲍函车匠皆君子也⑪；而羿、伃、奚仲、巧垂皆小人邪？且其所循，人必或作之，然则其所循皆小人道也？"

又曰："君子胜不逐奔⑫，揜函弗射⑬，强则助之胥车⑭。"应之曰："若皆仁人也，则无说而相与⑮。仁人以其取舍是非之理相告，无故从有故也⑯，弗知从有知也，

---

① 子姓：指众子孙。 ② 至：疑当作"生"。 ③ 翠：通"臎(cuì脆)"，肥。 ④ 说(yuè 月)：通"悦"。 ⑤ 端：源。 ⑥ 古服言：即古服、古言。 ⑦ 羿(yì 义)：相传为夏代东夷族首领，因其善射闻名，故以为弓箭创始于羿。 ⑧ 伃(zhù 柱)：夏帝少康之子。亦作"季杼"。甲：铠甲。 ⑨ 奚仲：相传为夏代人，黄帝的后裔，姓任。 ⑩ 巧垂：相传为尧时巧匠，名垂。 ⑪ 鲍：通"鞄"，制皮革的工匠。函：制造铠甲的工匠。车：车工。匠：木工。⑫ 奔：逃跑。 ⑬ 揜：掩。函：含藏。揜函：即藏匿隐蔽。⑭ 强：通"僵"。凡败兵有病倒地的人都可叫做"僵"。胥：通"犀"，坚。 ⑮ 相与：相敌对。 ⑯ 故：理由。

无辞必服，见善必迁，何故相与？若两暴交争，其胜者欲不逐奔，揜函弗射，施则助之胥车[1]，虽尽能，犹且不得为君子也。意暴残之国也[2]，圣将为世除害[3]，兴师诛罚，胜将因用儒术令士卒曰：‘毋逐奔，揜函勿射，施则助之胥车。’暴乱之人也得活，天下害不除，是为群残父母而深贼世也，不义莫大焉！”

……

【翻译】

儒者说：“爱亲属当有等差，尊重贤者应有次第。”就是说对待亲与疏、尊与卑应该是有所区别的。而儒家的《礼》却规定：“服丧，父母三年；妻、嫡长子三年；伯父、叔父、弟兄、庶子一年；关系近的族人五月。”如果按亲疏来确定服丧的岁月数，那就该是亲者的服丧期长、疏者的服丧期短，但儒家丧礼规定的服丧期，妻、嫡长子与父母却是相同的。如果以尊卑来确定服丧的岁月数，那就该是尊者的服丧期长，卑者的服丧期短，但儒家丧礼把尊重妻、嫡长子与尊重父母等同起来，而看待伯父宗兄如同庶子。颠倒亲疏尊卑哪有比这还严重的呢？

---

① 施：当为“强”之误，参见前注。 ② 意：通“抑”，或者。 ③“圣”下疑脱“人”字。

儒者的父母亲死了，尸体摆出来两三天不入棺，还搞什么"登屋"、"窥井"、"挑鼠穴"、"探涤器"等活动，以求招魂。如果以为灵魂确实还在，那就愚蠢极了。明知已经死了，一定要招魂回来，这也太虚伪了。

儒者娶妻，亲自去迎接，恭恭敬敬地做新娘的赶车人，手持马缰绳把登车的绳索递给新娘，宛如迎接自己的父母亲一样。婚礼上的各种仪式和人们的动作，犹如承办祭祀。颠倒上下关系，忤逆父母，俯就妻、子，妻、子驾凌于父母之上，如此对待父母，能说得上孝吗？儒者说："妻要侍奉祭祀，子将伺守宗庙，所以看重他们。"回答是："这是欺骗人的话！宗兄伺守其祖先于宗庙几十年，死后，为他服丧一年；兄弟之妻侍奉祖宗的祭祀，死后不为她服丧，那么为妻、子服丧三年就必定不是因为他们要守宗庙奉祭祀了，是出于偏爱妻、子而为他们增服丧至三年了。又说：'这是敬重亲人的缘故。'为了想优待自己最偏爱的人，就轻视最亲的人，这难道不是最大的奸诈吗？"

坚持"有命"者又有议论说："是长寿还是短命，是贫穷还是富裕，是安全还是危险，是安定还是混乱，本是命里注定的，不能有所增减。无论是穷困或是显达，是得赏或是受罚，是幸福或是倒霉，都是有定数的。人的智慧和力量，不能改变它。"官吏相信这些话，就懒得去尽职责；百姓相信这些话，就懒得去做农活。官吏不尽职责就会出现混乱，农事耽误了就会造成穷困。又穷又乱，就违背了政治的根本目的，而儒家的人以此为教导，这是坑害天下人的主张啊。

而且搞纷繁的礼乐去迷惑人，长期服丧假装悲哀去欺骗亲人。坚持有命甘心贫困而傲慢自大，背弃本业而安于懒惰。贪图吃喝，懒得做事，结果陷于饥寒，受冻饿的威胁，无法避免。这些人像乞丐一样乞讨饮食，像田鼠那样偷藏食物，像公羊那样贪馋地注视，像骟过的猪那样凶猛地跃来抢食。君子讥笑他们，他们还愤怒地说："平庸之人哪里知道良儒！"他们在春夏之际乞讨麦谷，五谷收了，就到大办丧事的人家，子孙也都跟着去，从而得以吃饱喝足。办完几次丧事，就能够生活了。他们凭藉富贵人家的收获自以为肥，依赖别人田里的麦谷生活还自以为尊，富贵人家一有丧事，就大为喜悦，说："这就是我的衣食之源啊！"

儒者说："君子必须穿古服、说古话，然后才称得上是仁人。"我们的回答："所谓古服古言，在刚开始的时候，都曾经是新的。而古人穿了它、说了它，按说，那就不是君子了。那么必须要穿不是君子的衣服，说不是君子的话，然后才称得上是'仁'人吗？"又说："君子只遵循前人所做而不创新。"回答是："从前羿创造弓箭，伃创造了铠甲，奚仲创造了车，巧垂创造了船。那么现在的制皮匠、制甲匠、制车匠、木匠都是君子，而羿、伃、奚仲、巧垂等都是小人吗？而且君子所遵循的，开初必然有人创造它，那么君子所遵循的都是小人之道了？”

又说：“君子作战胜利的时候，不追逃跑之敌，收藏起弓箭不射敌人，如有伤病倒仆于地的就资助他们坚固的车子。”回答是：“如果双方都是仁人，就没有相互敌对的理由可说。仁人用他们取舍是非的道理相互说明，无理的就听从有理的，不了解情况的就听从了解情况的，无道理可说的就一定服从，看到正确的就一定改正错误，有什么理由会相互敌对呢？如果是两个恶人互相斗争，其中胜利的一方想不追逃跑之敌，收藏起弓箭不射敌，见伤病僵仆之敌就资助他们坚固的车子，即使尽能照儒者所说的办，也还是不能成为君子。或有残暴的国家，圣人准备为天下除害，就发兵去讨伐它，打胜时就沿用儒者的方法命令士兵说：‘不要追逃跑之敌，把弓箭收藏起来别射他们，见有伤病倒仆之敌就资助他们坚固的车子。’这样暴乱之人得以活命，而天下之害却没有除，这是合伙来伤害父母而严重地败坏社会，不义没有比这更大的啊！”

……

经上、经说上(节选)

“墨经”,是墨学中的精华部分,它不仅内容丰富,包含了政治、经济、哲学、教育、逻辑学、语言学和数学、光学、力学等方面的知识,而且学术价值很高,在中国和世界学术史上都享有声誉。墨子及其弟子在这方面给我们留下了宝贵的遗产,很值得深入研究。

《经上》、《经下》和《经说上》、《经说下》,共有 180 多条,我们选译了几十条,可见一斑。原书《经》与《经说》是分开编排的,为了便于阅读,我们把《经说》跟《经》分条合起来,按先后次序排列。在每条《经》文后标明它是原书的哪一条。

[经] 体，分于兼也①。（上 2）

[说] 体　若二之一，尺之端也②。

部分，是从全部中分出来的。

如像二中的一，线中的点。

[经] 义，利也。（上 8）

[说] 义　志以天下为芬而能能利之③。不必用。

义是利人。

立志把天下的事作为自己份内的事就能很好地有利于天下的人。而自己不一定要求被任用。

[经] 信，言合于意也④。（上 14）

[说] 信　不以其言之当也。使人视城，得金⑤。

信是言语符合预料的事实。

不是因为他的话说得合理。而是说“城上有金”，使

① 体：部分。兼：全部。 ② 尺：即几何学中的“线”。端：即几何学中的“点”。 ③ 芬：通“分”（fèn 份），本分。下“能”字是善的意思。 ④ 意，读如“亿”（yì 义）预料；揣度。 ⑤ 当（dàng 荡）：得当；合理。

人去看，果然得金。

[经] 君、臣、萌[1]，通约也。（上34）

[说] 臣民也者，君以若名者也[2]。

什么叫“君”，什么叫“臣”，什么叫“民”，这些名词的意义是社会共同约定的。

臣民，是跟君相对来说的；君，是跟臣民相对来说的。

[经] 功，利民也。（上35）

[说] 功　必待时，若衣裘。

功，就是有利于人民。

立功，必须适时，像夏天穿葛衣、冬天穿皮袄一样。

[经] 赏，上报下之功也。（上36）

[说] 赏　上报下之功也。

赏，是君上酬报臣下的功劳。

---

① 萌：民。 ② 若：指臣民。

[经] 罚,上报下之罪也。(上 38)

[说] 罚　上报下之罪也。

罚,是君上处罚臣下的罪过。

[经] 久,弥异时也①。(上 40)

[说] 久　古今旦莫②。

久,是周遍地概括了一切不同的时间。

如古今、朝暮。

[经] 宇,弥异所也③。(上 41)

[说] 宇　东西家南北④。

"宇"是周遍地概括了一切不同的空间。

如东、西、家、南、北。

[经] 尽,莫不然也。(上 43)

[说] 尽　但止动。

---

① 久:通"宙",今称为时间。弥:周遍。下文同。 ② 莫:暮的本字。 ③ 宇:义犹今所谓空间。 ④ 家:义犹"中"。四方无定名,必以家之所处为中,故称。

尽，无不是如此。

如只有止而无动，只有动而无止。

[经] 化，征易也①。（上 45）

[说] 化　若蛙为鹑②。

变化，是可以验证的变易。

如像蝦蟆变成鹌鹑。

[经] 平，同高也。（上 53）

[说] 阙

平行线是同高的。

[经] 中，同长也③。（上 55）

[说] 中　心，自是往相若也。

距圆周的长度相同就是圆心。

如圆心，自圆心到圆周都是相等的。

---

① 化：指事物的变异。征：验证。 ② 鹑（chún 唇）：鹌鹑。“蛙为鹑”并不是事实。《经说》把这种主观幻想的变化误举为质变的例，这是受了当时科学水平的限制。 ③ 中：圆心。

[经] 方,柱隅四讙也①。(上 60)

[说] 方　矩见交也②。

边和角四方聚合就是方形。

方形是用矩画成四直线相交而成。

[经] 倍,为二也。(上 61)

[说] 倍　二尺与尺,但去一。

"倍",是照原数一增加为二。

二尺和一尺,只是减少一尺罢了。

[经] 知:闻、说、亲。(上 81)

[说] 知　传受之,闻也;方不庫③,说也;身观焉,亲也。

人的知识按来源分为"闻知","说知"、"亲知"。

由传闻或传授得来的知识,叫"闻知";推论不受已知的限制,由已知推论出的未知,叫"说知";由亲身观

---

① 柱:边。隅:角。讙:通"灌",聚,合。② 矩:古代画方形的工具,即今之曲尺。③ 方:比类、推论。庫:同"障"。

察、实践得来的知识，叫“亲知”。

［经］闻：传、亲。（上83）

［说］闻　或告之，传也。身观焉，亲也。

“闻知”可分“传闻”、“亲闻”。

由别人告知的叫“传闻”。亲自看到和听见的叫“亲闻”。

［经］见：体，尽①。（上84）

［说］见　特者，体也。二者，尽也②。

“见”可分为“体见”、“尽见”。

只见到一部分叫“体见”。见到了全部叫“尽见”。

［经］同：重、体、合、类。（上88）

［说］同　二名一实，重同也。不外于兼，体同也。俱处于室，合同也。有以同，类同也。

“同”分“重同”、“体同”、“合同”、“类同”。

① 体：部分。尽：全部。 ② 特：一，体，部分。二：尽，全部。

一物而有二名，叫“重同”。部分包含在全部中，只有部分相同，叫“体同”。人们都同住一室，叫“合同”。同属一类，叫“类同”。

[经] 异：二、不体、不合、不类。（上 89）

[说] 异　二必异，二也。不连属，不体也。不同所，不合也。不有同，不类也。

“异”有“二”、“不体”、“不合”、“不类”。

两种事物，一定不同，称为“二”。不相互连属，称为“不体”。住在不同的处所，称为“不合”。没有任何相同点，称为“不类”。

[经] 闻，耳之聪也。（上 91）

[说] 阙

“闻”，是耳朵的听觉灵敏。

[经] 循所闻而得其意，心之察也。（上 92）

[说] 阙

根据听到的话就知道他的意思，是由于思维的积极活动。

经下、经说下(节选)

[经] 景迎日①,说在抟②。(下21)

[说] 景　日之光反烛人,则景在日与人之间。

人影向日光,是由于反照。

日光反照于人,影就在太阳与人的中间。

[经] 买无贵③,说在仮其贾④。(下30)

---

① 景:同“影”。② 抟:通“转”,反射的意思。日光照于镜面,反射于人,则人影“迎日”。③ 买:当为“价”的误字。贾即“价”,此指物价。④ 仮:“反”的异体字。贾:即“价”,此指币价(币值)。

［说］买　刀籴相为贾①。刀轻则籴不贵②，刀重则籴不易③。王刀无变④，籴有变，岁变籴，则岁变刀。若鬻子⑤。

物价是无所谓贵的，在于反观币值的变化。

钱谷相互为价。钱贵谷就不贵，钱贱谷就不贱。制钱不变而谷价有变，每年谷价变，钱价就跟着变。就像荒年卖儿女一样。

---

① 刀：泉刀，古钱币。籴：指谷。② 战国时所铸刀币，有轻有重，轻刀易于携带，人民乐用，所以轻刀贵，重刀不便携带，所以重刀反而贱。③ 易：通“傷”，轻，贱。④ 王刀：由王者所铸之币。⑤ 鬻（yù 玉）：卖。

小　取

《小取》是后期墨家逻辑学理论和体系的大纲。

本篇把墨家的逻辑体系概括为四个部分。第一部分是“辩”的总论，它论述了“辩”的作用、怎样立“辩”、辩者应遵守的原则。第二部分是论辩的各种方式。第三部分论“辟、侔、援、推”四种方式中的逻辑要求和逻辑错误。第四部分主要是论侔式推论中的正反情况。这是我国古代第一个较为完整的逻辑学提纲和体系，具有很大的理论意义和科学价值。

夫辨者，将以明是非之分，审治乱之纪，明同异之处，察名实之理，处利害，决嫌疑。焉摹略万物之然①，论求群言之比。以名举实，以辞抒意，以说出故。以类取，以类予。有诸己不非诸人，无诸己不求诸人。

或也者，不尽也。假者，今不然也。效者，为之法也。所效者，所以为之法也，故中效则是也，不中效则非也，此效也。辟也者②，举也物而以明之也③。侔也者，比辞而俱行也。援也者，曰："子然，我奚独不可以然也？"推也者，以其所不取之，同于其所取者予之也。"是犹谓"也者④，同也；"吾岂谓"也者⑤，异也。

夫物有以同而不率遂同⑥。辞之侔也，有所至而正。其然也，有所以然也；其然也同，其所以然不必同。其取之也，有所以取之；其取之也同，其所以取之不必同。是故"辟"、"侔"、"援"、"推"之辞，行而异，转而危⑦，远而失，流而离本，则不可不审也，不可常用也。故言多方，殊类，异故，则不可偏观也。

夫物或乃是而然，或是而不然，或不是而然，或一周而一不周，或一是而一非也。白马，马也；乘白马，乘马

---

① 焉：于是。摹略：探求。 ② 辟：同"譬"。 ③ 也物：即"它物"。下文"也故"等的"也"字，亦为"它"。 ④ 是犹谓：这如同说。 ⑤ 吾岂谓：我难道说。 ⑥ 率：皆，都。遂：尽。⑦ 危：当"诡"用，不同。

也。骊马，马也；乘骊马，乘马也。获[1]，人也；爱获，爱人也。臧[2]，人也；爱臧，爱人也。此乃是而然者也。获之亲，人也；获事其亲，非事人也。其弟，美人也；爱弟，非爱美人也。车，木也，乘车，非乘木也。船，木也，乘船非乘木也。盗人，人也；多盗，非多人也；无盗，非无人也。奚以明之？恶多盗，非恶多人也；欲无盗，非欲无人也。世相与共是之。若若是[3]，则“虽盗人也，爱盗非爱人也，不爱盗非不爱人也，杀盗非杀人也”，无难矣。此与彼同类；世有彼而不自非也，墨者有此而非之，无也故焉，所谓“内胶外闭”与“心毋空乎，内胶而不解”也。此乃是而不然者也。夫且读书，非读书也；好读书，好书也。且斗鸡，非斗鸡也；好斗鸡，好鸡也。且入井，非入井也；止且入井，止入井也。且出门，非出门也；止且出门，止出门也。若若是，“且夭，非夭也，寿且夭，夭也。有命，非命也；非执有命，非命也”，无难矣。此与彼同类；世有彼而不自非也，墨者有此而非之，无也故焉，所谓“内胶外闭”与“心毋空乎，内胶而不解”也。此乃不是而然者也。爱人，待周爱人而后为爱人。不爱人，不待周不爱人。不周爱，因为不爱人矣。乘马，不待周乘马然后为乘马也；

① 获：女婢。 ② 臧：男奴。 ③ 上“若”字，是“如果”的意思；下“若”字，是“此，这个”的意思。

有乘于马，因为乘马矣。逮至不乘马，待周不乘马而后为不乘马。此一周而一不周者也。居于国，则为居国；有一宅于国，而不为有国。桃之实，桃也；棘之实，非棘也。问人之病，问人也；恶人之病，非恶人也。人之鬼，非人也；兄之鬼，兄也。祭人之鬼，非祭人也；祭兄之鬼，乃祭兄也。之马之目眇①，则为"之马眇②"，之马之目大，而不谓"之马大"。之牛之毛黄，则谓"之牛黄"；之牛之毛众，而不谓"之牛众"。一马，马也；二马，马。也"马四足"者，一马而四足也，非两马而四足也。"马或白"者，二马而或白也，非一马而或白。此乃一是而一非者也。

【翻译】

辩的作用，是要分清是非的区别，详审治乱的规律，明辨同异的所在，考察名实的原理，判断利害，解决疑似问题。从中探讨万物本来的样子，推求各种说法的类别。用名称表示实物，用判断表达意思，用推论找出原因。就事物的同一类型选取已知部分作例证，依事物的同一类型推断其中未知的部分。自己这样主张，不要反

① "之马"的"之"，是指代词，这。下文"之牛"的"之"同。
② 为：通"谓"。

对别人这样主张；自己不这样主张，不要强求别人这样主张。

辩的方式有以下各种："或"，是或者如此，或者如此就是并不全都如此。"假"，是假使如此，假使如此就是现在并不如此。"效"，是立个标准作榜样，使这榜样作为是非的标准，所以合乎标准的就是对，不合乎标准的就是错，这才是标准。"辟"，是譬喻，譬喻是用别的相似的事物来说明所要讨论的事物。"侔"，是相等，相等是说两种意思相同的言辞，可以互相引证。"援"，是援引，援引对方的论点证明自己的论点，如说："你可以这样说，我怎么就不可这样说呢？""推"，是类推，类推是就同一类型的事物中，把还没有取得判断的这一部分和已经取得判断的那一部分相比较；这就可以给这一部分也定出判断来。"是犹谓"（这如同说），是用来表示相同意义的命题可以类推；"吾岂谓"（我难道说），是表示不同意义的命题不可以类推。

事物有相同的方面，却不是完全相同。所以引别人的言辞来说明自己的论点，在一定的限度内才是正确的。事物的如此，有所以如此的原因；虽然同是如此，而所以如此的原因却未必相同。采取论证，有所以采取论证的理由；采取的论证虽然相同，但是所以采取这论证的理由不必相同。所以"辟"、"侔"、"援"、"推"这些方式，实用起来会发生差异，一转再转会得出不同的结论，引证的话头离得太远会发生错误，说得太顺口了会脱离根本。那是不能不慎重的，不可以常用。因此，言语有多方面的意义，也有不同的类型，更有不同的根据和来由，这就不能偏执一种方式来推断。

推论事物的话，有前提是肯定的，结论也是肯定的；有前提是肯定的，结论却是否定的；有前提是否定的，结论却是肯定的；有的在一方面是包括周遍，在另一方面却是包括不周遍的；有的在一方面是对的，在另一方面却是错误的。白马是马，骑白马就是骑马。黑马是马，骑黑马也是骑马。女婢是人，爱女婢就是爱人。男仆是人，爱男仆也是爱人。这就是“前提是肯定的，结论也是肯定的”的例子。女婢的父母是人，女婢孝顺她的父母不能说是孝顺人。女婢的弟弟是美貌的人，女婢爱她的弟弟不能说是爱美貌的人。车是木头做的，坐车不能说是坐木头；船是木头做的，坐船不能说是坐木头。强盗是人，强盗多不能说是人多；没有强盗不能说是没有人。怎样说明这一点呢？恨强盗多并不是恨人多，希望没有强盗并不是希望没有人。这些是一般都认为不错的。如果这些是不错的话，那么“强盗虽然是人，爱强盗不能说是爱人，不爱强盗不能说是不爱人，杀强盗也不能说是杀人”的话，就不难成立了。后者和前者原是属于同一类型的命题，一般人认为他们所主张的前者不错，对于墨家所主张的后者却说是错了。这没有别的缘故，就是所谓“内心固执，拒绝听外面的意见”与“心里一窍不通，顽固不化”的缘故。这就是“前提是肯定的，而结论却是否定的”例子。将要读书，还不就是读书；爱好读书却就是爱好书。将要斗鸡，还不就是斗鸡；爱好斗鸡，却就是爱好鸡。将要跳井，还不就是跳井；阻止人将要跳井，却就是阻止人跳井。将要出门，还不就是出门；阻止人将要出门，却就是阻止人出门。如果这些是不错的话，那么“将要夭折不就是夭折，寿夭并称的夭就是夭折；主张有命不就是有命，反对主张有命却就是反对命”的话就不难成立了。后者和前者原是属于同一类型的命题，一般人认为他们所主张的前者是不错的，对于墨家所主张的后者却说是错了。这没有别的缘故，就是所谓“内心固执，拒绝听外面的意见”与“心里一窍不通，顽固不化”的缘故。这就是“前提是否定的，结论却是肯定的”例子。说爱人，必须是普遍地爱所有的人才可算是爱人；说不爱人，却不一定要所有的人都不爱才算是不爱人。不普遍地爱所有的人，自然也就是不爱人了。说骑马，不一定要普遍地骑上所有一切的马才算是骑马，骑上一匹马，自然就可以说是骑马了。至于说不骑马，却一定要普遍地不骑所有一切的马才算是不骑马。这就是"一个是包括周遍的，另一个却不是包括周遍的"的例子。住在某一国内，就是住在某一国；在某一国内有房子，却不能说是有了某一国。桃树的果子叫桃，棘树的果子却叫枣，不叫棘。探望人的病叫探望人，讨厌人的病却不是讨厌人。人的鬼并不叫人，哥哥的鬼却仍然叫哥哥。祭人的鬼不是祭人，祭哥哥的鬼却是祭哥哥。这匹马的眼睛是瞎的，就说这马瞎了；这匹马的眼睛是大的，却不能说这马大。这头牛的毛是黄的，就说这牛黄；这头牛的毛是多的，却不能说这牛多。一匹马叫马，两匹马也叫马。说马有四条腿，是说一匹马有四条腿，却不是说两匹马有四条腿。同时，说马有白的，却是说两匹马中有一匹是白的，不是说一匹马有白的。这就是"在一方面是对的，在另一方面却是错的"例子。

鲁　问(节选)

本篇以第一段“鲁君之问”简括为篇名，篇内各段记载了墨子与各国诸侯及弟子等人的一些谈话，多为语录体，大概是墨子的弟子所记。

篇中答鲁君问一段，强调修内政以蓄民力，交四邻以结外援，倾全国之力以防御侵凌，反映墨子善守御的战略思想。

篇中记载墨子游说诸侯时，提出了“必择务而从事”的原则。由此可见，“尚贤”、“尚同”、“节用”、“节葬”、“非乐”、“非命”、“兼爱”、“非攻”等墨家基本主张，都是针对当时诸侯各国迫切需要解决的问题而提出的。

鲁君谓子墨子曰[①]："吾恐齐之攻我也，可救乎？"子墨子曰："可。昔者，三代之圣王禹汤文武，百里之诸侯也，说忠行义取天下[②]；三代之暴王桀纣幽厉，仇怨行暴失天下[③]。吾愿主君之上者尊天事鬼，下者爱利百姓，厚为皮币[④]，卑辞令，亟遍礼四邻诸侯[⑤]，驱国而以事齐[⑥]，患可救也，非愿无可为者[⑦]。"

……

子墨子见齐大王曰[⑧]："今有刀于此，试之人头，倅然断之[⑨]，可谓利乎？"大王曰："利。"子墨子曰："多试之人头，倅然断之，可谓利乎？"大王曰："利。"子墨子曰："刀则利矣，孰将受其不祥？"大王曰："试者受其不祥[⑩]。"子墨子曰："并国覆军，贼杀百姓，孰将受其不祥？"大王俯仰而思之，曰："我受其不祥。"

鲁阳文君将攻郑[⑪]，子墨子闻而止之，谓阳文君曰：

---

① 鲁君：鲁国君，疑即鲁穆公。 ② 说(yuè 月)：通"悦"。 ③ 怨：疑"忠"之误。"仇忠"，与忠臣为仇。 ④ 皮币：毛皮和缯帛。 ⑤ 亟：疾，速。 ⑥ 事：古时从事战争，无论进攻或守御都可称"事"。事齐：即抵御齐国。 ⑦ 愿：通"原"，"本"的意思。 ⑧ 大：通"太"。齐太王：齐太公田和。 ⑨ 倅(cuì 翠)：通"猝(cù 促)"，突然。 ⑩ 试者：指持刀的人。 ⑪ 鲁阳文君：即公孙宽，为楚平王之孙，司马子期之子。楚惠王授与他鲁阳之地，故又称鲁阳文子。鲁阳：在今河南省鲁山县。郑：周分封的诸侯国，在今河南中部。

"今使鲁四境之内，大都攻其小都①，大家伐其小家，杀其人民，取其牛马狗豕布帛米粟货财，则何若？"鲁阳文君曰："鲁四境之内，皆寡人之臣也。今大都攻其小都，大家伐其小家，夺之货财，则寡人必将厚罚之。"子墨子曰："夫天之兼有天下也，亦犹君之有四境之内也。今举兵将以攻郑，天诛其不至乎②？"鲁阳文君曰："先生何止我攻郑也？我攻郑，顺于天之志。郑人三世杀其父③，天加诛焉，使三年不全④。我将助天诛也。"子墨子曰："郑人三世杀其父，而天加诛焉，使三年不全，天诛足矣，今又举兵将以攻郑，曰：'吾攻郑也，顺于天之志。'譬有人于此，其子强梁不材⑤，故其父笞之。其邻家之父举木而击之，曰：'吾击之也，顺于其父之志。'则岂不悖哉？"

子墨子谓鲁阳文君曰："攻其邻国，杀其民人，取其牛马粟米货财，则书之于竹帛⑥，镂之于金石⑦，以为铭

---

① 大都：大城。此指占据大城的贵族势力。 ② 其：岂。 ③ 三世：犹数世、数代。"三"，这里形容其多，并非实指。下文"三年"之"三"，也是如此。父：当作"君"。据《史记·郑世家》载：鲁哀公八年，郑人杀了哀公而立声公之弟丑，就是共公。三十年，共公死了，他的儿子继位为幽公。幽公元年，韩武子伐郑，又杀了幽公，郑人立幽公弟骀为繻公。二十七年，子阳一伙又杀了繻公。 ④ 全：犹"顺"。不全：指五谷不熟。 ⑤ 强梁：强横、强悍不顺。 ⑥ 竹帛：竹，指竹简，帛，指白绢，古时无纸，用以书写文字。 ⑦ 镂：刻。

于钟鼎[1]，传遗后世子孙，曰：‘莫若我多！’今贱人也，亦攻其邻家，杀其人民，取其狗豕食粮衣裘，亦书之竹帛，以为铭于席豆[2]，以遗后世子孙，曰：‘莫若我多！’其可乎？”鲁阳文君曰：“然。吾以子之言观之，则天下之所谓可者，未必然也。”

……

子墨子游[3]，魏越曰[4]：“既得见四方之君，子则将先语[5]？”子墨子曰：“凡入国，必择务而从事焉[6]。国家昏乱，则语之尚贤尚同；国家贫，则语之节用节葬；国家憙音湛湎[7]，则语之非乐非命；国家淫僻无礼，则语之尊天事鬼；国家务夺侵凌，即语之兼爱非攻。故曰：‘择务而从事焉。’”

……

【翻译】

鲁国的国君问墨先生说：“我担心齐国要进攻我们，可以阻止吗？”墨先生说：“可以。从前，三代的圣王夏

---

① 铭：将文字刻于器物之上，用以称颂功德，使之传于后世。② 席："度"之形讹，指杖。豆：古代食器。③ 游：指周游列国。④ 魏越：墨子弟子。⑤ "先"为"奚"之讹。奚语：说什么，宣传什么。⑥ 务：指迫切需要解决的任务。⑦ 憙：即"喜"。

禹、商汤、周文王、周武王，不过是百里见方地域的诸侯，他们喜爱忠臣奉行义政就得了天下；三代的暴君夏桀王、殷纣王、周幽王、周厉王，与忠臣为仇实行暴政就失了天下。我希望君主您对上尊敬上帝，侍奉鬼神，对下爱护百姓为他们谋利，多准备毛皮缯帛作礼品，外交辞令要谦恭，迅速而普遍地以礼结交四邻诸侯，并驱使全国人民来抵御齐国，齐国的进攻是可以阻止的，不是没有可抵御的办法。”

……

墨先生谒见齐太王说：“现有一把刀在这里，用它试砍人头，一下就把头砍掉了，可说得上锋利吧？”太王回答：“锋利。”墨先生说：“多次用它试砍人头，都一下就砍掉了，可说得上锋利吧？”太王回答：“锋利。”墨先生说：“刀倒是锋利，但谁将遭受那种不幸呢？”太王回答：“持刀的人遭受那种不幸。”墨先生说：“太王兼并别国，覆灭军队，残杀百姓，那谁将遭受那种不幸呢？”太王低下头又抬起来反复思索一阵，说：“我遭受那种不幸。”

鲁阳文君将要攻打郑国，墨先生听说就去阻止攻郑，对鲁阳文君说：“现在，假使鲁阳整个封地之内，住在大城的人攻打住在小城的人，大家族攻打小家族，杀戳其百姓，掠夺其牛马狗猪布帛米粟货财，那怎么办？”鲁阳文君说：“鲁阳整个封地内的人，都是我的臣民。今天如果大城的人攻打小城的人，大家族攻打小家族，掠夺别人的财货，那么我一定要重重地惩罚那些去攻打的人。”墨先生说：“天兼有整个天下，也就像你拥有鲁阳整个封地一样。现在你发兵准备攻打郑国，天对你的惩罚难道不会降临吗？”鲁阳文君说：“先生为什么要阻止我攻打郑国呢？我攻打郑国，是顺应天的意志。郑国数代杀害我们的国君，天对他们加以惩罚，使他们数年五谷不熟。我要帮助天讨伐他们。”墨先生说：“郑国数代杀害你们的国君，天对他们加以惩罚，使他们数年五谷不熟，天的惩罚已足够了，现在你又要发兵攻打郑国，还说：‘我攻打郑国，是顺应天的意志。’这就好比有个人，他的儿子强横不成器，所以父亲就鞭打儿子。他邻居的父亲，也举起木棍来打这孩子，说：‘我打他，是顺应他父亲的意志。’这岂不荒谬吗？”

墨先生对鲁阳文君说：“攻打邻国，杀戮邻国的百姓，掠夺邻国的牛马粟米货财，就把它写在竹简绢帛上，刻在铜器碑碣上，铸刻铭文于钟鼎，留传给后代子孙，说：‘没有人比我多！’假若现在平民百姓，也去攻打他的邻家，杀害邻家的人民，抢夺邻家的猪狗食粮衣裘，也把它写在竹简绢帛上，刻铭文于手杖豆器，用来留给后代子孙，说：‘没有人比我多！’这难道可以吗？”鲁阳文君说：“对的。我依照你的话去观察，那么天下所谓可行的事，未必是对的了。”

……

墨先生将周游列国，魏越问道：“见到各地诸侯国的君主，先生将对他们宣传什么？”墨先生说：“凡是到一个国家，一定要选择迫切需要解决的任务来从事宣传。如果那个国家政治黑暗社会混乱，就向那个国君宣传‘尚贤’、‘尚同’；如果那个国家贫穷，就向那个国君宣传‘节用’、‘节葬’；如果那个国家爱好音乐，沉溺于酒，就向那个国君宣传‘非乐’、‘非命’；如果那个国家放纵无礼，就向那个国君宣传‘尊天’、‘事鬼’；如果那个国家侵略凌辱别国，就向那个国君宣传‘兼爱’、‘非攻’。所以我说：‘选择迫切需要解决的任务来从事宣传。’”

……

公　输(节选)

本篇生动地论述了墨子制止楚国攻宋国的故事,是墨子"非攻"学说的真实写照。

墨子在楚国即将攻打宋国的危急时刻,不辞辛劳,从鲁国急行了十天十夜,赶到楚国。他先机智地抓住矛盾,揭露了楚国攻打宋国的本质,从道义上使公输般和楚王理屈辞穷。然后又通过实际演试跟公输般较量,从器械和战术上使公输般屈服。在理屈技穷的形势下,公输般仍不死心,进而想杀掉墨子。而墨子早有战略部署,预先就派了许多弟子去宋国城上守卫,终于迫使楚王不得不停止攻宋。

公输般为楚造云梯之械①，成，将以攻宋。子墨子闻之，起于鲁②，齐行十日十夜而至于郢③，见公输般。

公输般曰："夫子何命焉为？"子墨子曰："北方有侮臣者，愿藉子杀之。"公输般不说④。子墨子曰："请献十金。"⑤公输般曰："吾义固不杀人。"子墨子起，再拜，曰："请说之。吾从北方闻子为梯，将以攻宋。宋何罪之有？荆国有余于地而不足于民。杀所不足而争所有余，不可谓智。宋无罪而攻之，不可谓仁。知而不争⑥，不可谓忠。争而不得，不可谓强。义不杀少而杀众，不可谓知类。"⑦公输般服。子墨子曰："然胡不已乎？"公输般曰："不可，吾既已言之王矣。"子墨子曰："胡不见我于王？"公输般曰："诺。"

子墨子见王，曰："闻大王将攻宋，有之乎？"王曰："然。"子墨子曰："今有人于此，舍其文轩，邻有敝舆而欲窃之；舍其锦绣，邻有短褐而欲窃之⑧；舍其粱肉，邻有糠糟而欲窃之。此为何若人？"王曰："必为有窃疾矣。"子

---

① 云梯：攻城的器械。形容梯长而高，上与云齐，所以叫"云梯"。 ② 原无"鲁"字，今据《吕氏春秋·爱类》、《淮南子·脩务训》文补。 ③ 齐：通"疾"，快速的意思。郢（yǐng影）：楚国都，在今湖北省江陵纪南城。 ④ 说：通"悦"。 ⑤ 十金：二百两。古以二十两为一金。 ⑥ 争：通"诤"。 ⑦ 知类：懂得类比的道理。 ⑧ 短：即"裋"（shù树）。"裋褐"，粗布衣服。

墨子曰："荆之地，方五千里；宋之地，方五百里：此犹文轩之与敝舆也。荆有云梦，犀、兕、麋、鹿满之①，江汉之鱼、鳖、鼋、鼍为天下富；宋所为无雉兔鲋鱼者也②：此犹粱肉之与糠糟也。荆有长松、文梓、楩、楠、豫章；宋无长木：此犹锦绣之与短褐也。臣以王吏之攻宋也，为与此同类。"王曰："善哉！虽然，公输般为我为云梯，必取宋。"

于是见公输般。子墨子解带为城，以牒为械③。公输般九设攻城之机变，子墨子九距之④。公输般之攻械尽，子墨子之守圉有余⑤。公输般诎⑥，而曰："吾知所以距子矣，吾不言。"子墨子亦曰："吾知子所以距我，吾不言。"楚王问其故。子墨子曰："公输子之意，不过欲杀臣，杀臣，宋莫能守，可攻也。然臣之弟子禽滑釐等三百人，已持臣守圉之器在宋城上而待楚寇矣。虽杀臣，不能绝也。"楚王曰："善哉！吾请无攻宋矣。"

……

---

① 犀（xī 西）：犀牛。兕（sì 寺）：属犀牛类。古书中把犀兕分为两种动物。认为犀像猪，兕像牛。麋（mí 迷）：似鹿而大，目上有眉（《急就篇》颜注）。 ②"为"通"谓"。 ③"牒"当作"楪"。楪，箸，即筷子。 ④ 九：极言其多，并非实数。距：通"拒"。下同。 ⑤ 圉：通"御"。 ⑥ 诎：通"屈"，这里是说公输般械尽技穷。

【翻译】

公输般给楚国制造攻城的机械云梯，已经成功，即将用来进攻宋国。墨先生听到这个消息，就从鲁国动身，急行了十天十夜，赶到楚国的都城郢，见到了公输般。

公输般问道："先生来有什么向我指教呢？"墨先生说："北方有一个侮辱我的人，想借重你杀掉他。"公输般听了很不高兴。墨先生接着说："我奉送你酬金二百两。"公输般说："我一向行'义'，决不杀人。"墨先生马上直起身来，拜了又拜，说："请允许我说说你这个'义'。我在北方听说你造了云梯将用来攻打宋国。宋国有什么罪过呢？楚国在土地方面有多余，而在人口方面却很缺少。牺牲自己缺少的人民去争夺多余的土地，这不能说是明智。宋国没有罪过却要攻打他，不能说是仁爱。明明知道却不直言规劝楚王，不能说是忠诚。即使规劝过却没有达到目的，不能说是坚强。你讲仁义，不杀少的，却要去杀千千万万的民众，这不能说是明理。"公输般觉得理亏心服。墨先生说："既是这样，怎么不停止呢？"公输般说："不行，我已经把攻打宋国的事向楚王说定了。"墨先生说："何不向国王引见我呢？"公输般说："可以。"

墨先生见了楚王，问道："听说大王将要攻打宋国，有这事吗?”楚王回答:“有这事。”墨先生说:“现在这里有个人,不要自己的华贵的车子,却想去偷邻居的烂车子;不要自己的绣花绸衣,却想去偷邻居的粗布衣服;不要自己的美食佳肴,却想去偷邻居的糟糠。这是怎么样的人?”楚王说:“他一定是有偷窃病了。”墨先生紧接着说:“楚国的疆土,方圆五千里;宋国的疆土,方圆只有五百里:这就如同华贵的车子跟烂车子相比。楚国有云梦大泽,犀牛、麋鹿到处都是,长江汉水出鱼、鳖、绿团鱼、扬子鳄,算得上是天下最富的;宋国却是所谓连野鸡、兔子、鲫鱼都不出的地方:这就如同美食佳肴跟糟糠相比。楚国有松树、梓树、黄梗木、楠木、樟木等大树;宋国却没有大树:这就如同绣花绸衣跟粗布衣服相比。所以我认为王吏攻宋跟这是同类的。”楚王说:“好啊!虽是如此,但公输般已经给我造了云梯,我一定要攻下宋国。”

正在这时墨先生见到公输般。墨先生就解下衣带来当作城,用筷子作为攻守的器械。公输般一次又一次地运用器械的巧变来攻城,墨先生一次又一次地击败了他。公输般的攻城器械已经用尽,墨先生的守御办法还有余。公输般械尽技穷,却说:“我知道用来对付你的办法了,但是我不说。”墨先生也说:“我知道你用来对付我的办法,但是我也不说。”楚王问他为什么不说。墨先生说:“公输师傅的意思,不过是想杀掉我,以为杀了我,宋国就没有人能守,就可以攻了。可是我的弟子禽滑釐等三百人,已经拿着我的守御器械在宋国城上等待楚国侵略军了。即使杀了我,也不能杀尽守御的人。”楚王这时才说:“好吧!我不攻打宋国了。”

……

备城门（节选）

《备城门》以下各篇，是墨子及其弟子论守城之法的言论。墨子主张有备无患，所以今本《墨子》从《备城门》到《备蛾傅》七篇都冠以“备”字。《备城门》的第一段，是个总纲，以下各篇就是根据禽滑釐所问的如何“守此十二者”而分别回答的。

《墨子》的这一部分，对于研究墨子及其弟子的军事思想，对于研究中国古代的守御战术，都是很宝贵的材料。

禽滑釐问于子墨子曰:“由圣人之言,凤鸟之不出①,诸侯畔殷周之国②,甲兵方起于天下,大攻小,强执弱,吾欲守小国,为之奈何?”子墨子曰:“何攻之守?”禽滑釐对曰:“今之世常所以攻者:临③、钩④、冲⑤、梯⑥、堙⑦、水⑧、穴⑨、突⑩、空洞⑪、蚁傅⑫、轒辒⑬、轩车⑭,敢问守此十二者奈何?”子墨子曰:“我城池修,守器具,樵粟足,上下相亲,又得四邻诸侯之救,此所以持也。且守者虽善,而君不用之,则犹若不可以守也。若君用之,守者又必能乎?守者不能而君用之,则犹若不可以守也。然则守者必善而君尊用之,然后可以守也。”

……

---

① 凤鸟:凤凰。古代传说凤凰是一种神鸟,是祥瑞的象征,凤凰出现,天下太平,凤凰不出现,天下大乱。 ② 畔,通“叛”。殷周之国:天子之国。 ③ 临:指以高临下的战术。 ④ 钩:指以钩攻城的战术。 ⑤ 冲:指以冲车攻城的战术。 ⑥ 梯:云梯,即以云梯攻城。 ⑦ 堙:塞。这里指用填满护城河的方法来攻城。 ⑧ 水:这里指用决水淹城的方法来攻城。 ⑨ 穴:这里指用挖隧道的方法来攻城。 ⑩ 突:猝攻。 ⑪ 空洞:这里指用挖地洞的方法来攻城的战术。“穴”与“空洞”的异同,无可考。 ⑫ 蚁傅:使士卒密集爬城,如蚁缘城而上的攻城法。 ⑬ 轒辒(fén wēn 坟温):轒辒车,是古代兵车的一种,破坏力很强。这里指用轒辒车来攻城。 ⑭ 轩车:攻城车。疑即“楼车”。这里指以轩车来攻城。

【翻译】

墨子的弟子禽滑釐问墨先生说:“从圣人的话看来,凤凰不出现,诸侯背叛周天子,战火正起于天下,大国攻打小国,强国欺凌弱国,我要保卫小国,怎么办?”墨先生说:“你问的是要抵御哪种进攻?”禽滑釐回答说:“现今世上常用攻城的方法是:以高临下来攻城;用钩来攻城;用冲车来攻城;用云梯攻城;用填塞护城河来攻城;用决水来淹城;用挖隧道来攻城;用突袭来攻城;以挖地洞来攻城;用士兵密集爬城的方法来攻城;用轒辒车来攻城;用轩车来攻城等。请问墨先生怎么抵御这十二种攻城呢?”墨先生说:“只要我们的城墙与护城河修得好,防御器械完备,粮草充足,官民上下一致,并能得到四邻诸侯的援助,这就是守御最根本的方法。且守将虽有才能,可是国君不用他,这是守不住的。如果国君任用了守者,守者就一定能守吗?如果守者无能而国君任用了他,这也是守不住的。那么守者必定是有才能的,而国君又重用他,然后才可以守得住。”

……

号　令(节选)

安国之道，道任地始[①]。地得其任则功成，地不得其任则劳而无功。人亦如此，备不先具者无以安主；吏、卒、民多心不一者，皆在其将长。诸行赏罚及有治者，必出于王公。

……

【翻译】

使国家安定的办法，从用地开始。土地若能得到合理的使用，就能取得成就；土地若使用不当，就会劳而无功。人也是如此，防御设施不先准备好，就不能保证君

① 道：从。任：用。

主的安全；官、兵、民众多而思想不能一致，责任都在将帅、长官身上。因为各种实行赏罚及治理的政令，必定是由王公作出的。

……

杂　守（节选）

子墨子曰："凡不守者有五：城大人少，一不守也；城小人众，二不守也；人众食寡，三不守也；市去城远，四不守也；畜积在外①，富人在虚②，五不守也。"……

【翻译】

墨先生说："凡城不能守的有以下五种情况：城大人少，是第一种不能守的；城小人多，是第二种不能守的；城中人多粮少，是第三种不能守的；集市离城远，是第四种不能守的；储备守城的物资在城外，富人在乡村集市，而不在城内，是第五种不能守的。"……

---

① 畜：通"蓄"。 ② 虚：同"墟"。句意是富人在乡村集市，不在城内。

《古代文史名著选译丛书》编纂始末①

马樟根　安平秋

今年1月,《古代文史名著选译丛书》已经出到100种101册(其中《史记》为2册)。4月份,最后的33种也已交稿。这样,全书133种即将呈献在读者面前。② 一项服务当前、造福子孙的普及优秀古代文化、进行爱国教育的大工程将宣告完工了。回想

①《古代文史名著选译丛书》由全国高校古籍整理研究工作委员会主持,古委会直接联系的18个古籍整理研究所为主要承担机构,章培恒、安平秋、马樟根任主编。本文于1992年4月,在《中国典籍与文化》杂志发表时题目是《衣带渐宽终不悔——〈古代文史名著选译丛书〉编纂始末》。这次将此文作为2011年修订版附录时,去掉原正标题,以原副标题为正式题目。 ② 至1994年4月最后定稿时,全书为135部。2011年修订版出版时,全书为134部。

这一套丛书动员18所院校，投入100余人，从1985年筹划，1986年起步，到今天已度过了六七年的岁月，个中甘辛令人难以忘怀。

一、北大·苏州·北大

——酝酿与筹划

编纂这样一套丛书，起因于1981年7月。当时陈云同志派人到北京大学召开了小型座谈会。来人告诉与会人员陈云同志最近在考虑两个问题：一个是粮食，一个是古籍整理。对古籍整理，特别讲到陈云同志说："整理古籍，为了让更多的人看得懂，仅作标点、注释、校勘、训诂还不够，要有今译，争取做到能读报纸的人多数都能看懂。有了今译，年轻人看得懂，觉得有意思，才会有兴趣去阅读。今译要经过选择，要列出一个精选的古籍今译的目录，不要贪多。"这就是后来收入《陈云文选》的那段话。1981年9月，中共中央关于整理我国古籍的文件中一字不差地强调了这段话。1983年，教育部成立了全国高校古籍整理研究工作委员会（简称古委会）。古委会主任周林同志根据中央和陈云同志意见，提出了组织力量今译古籍。但在当时，经过"文革”后的古籍整理工作百废待兴，加之一些学者对今译重要性的认识远非今日之深，这一工作一拖便是两年。

1985年5月，全国高校古委会在苏州召开了一届二次会议。周林同志在会上作了“人才培养和古代文化遗产普及问题”的专题发言，他分析了“解放三十多年来，由于‘左’的路线干扰，特别是‘文化大革命’，几乎使我们的民族文化到了中断的边缘，出现了对古代文化知之不多，或知之甚少的状况”，要教育界的同志“做好普及古代文化知识的工作”，搞好古籍的今注今译就是其中的一项重要任务，“高校古委会要在这方面多下功夫”，“高校古籍研究所无疑应担负起这个任务”。他针对当时一些人轻视古籍的今注今译思想，呼吁“我们对于选本、今译等有利于教育普及的东西，应承认它的学术价值”，“《昭明文选》、《唐诗三百首》、《古文观止》等是地道的选本，流传几百年，发生那么大的影响，能说没有水平？”“专家们深入浅出的在对古文献研究基础上的译注，对普及古代优秀文化作出重大贡献，算不算高水平的成果呢？”“古文既要译得恰当、准确，又要通畅易懂，难度是很大的”，“为了社会主义精神文明建设，古籍整理这方面也要作出应有的贡献”。一石激浪，沉寂了几年的今译古籍的话题又重新活跃起来。会上作了一番认真讨论。

经过这样的酝酿，1985 年 7 月，全国高校古委会科研项目评审组的专家们聚集在北京大学勺园，筹划编纂一套古籍今译的精选本。初步定名为《古籍今译丛书》，议定了收书范围、内容，开列了 65 种书的选目。并决定由科研项目专家评审组召集人、复旦大学古籍所所长章培恒教授和参加过陈云同志在北大召开座谈会、当时古委会主管科研工作的副秘书长安平秋同志共同负责，与秘书处同志一起具体筹划。经几个月的筹备，决定由古委会直接联系的 18 个高校古籍研究所承担这一工作，组成编委会，并开列出 89 种书的选目，对选译的进度、规划亦作了设计。此时，几家出版社闻讯而至，表示愿意出版这套丛书。最早与我们联系的巴蜀书社的段文桂社长以其强烈的事业心和对古籍今译的高度重视感动了我们，于是决定邀请巴蜀书社编辑参加第一次编委会议。

二、从柳浪闻莺到桂子山上

——第一批书稿的产生

第一次编委会于 1986 年 5 月在杭州柳莺宾馆

召开。宾馆因位于西湖十景之一的柳浪闻莺而得名。全国高校18个研究所的24名学者和有关人员聚集在这风景胜地,无心观柳,亦无从闻莺,紧张地工作了三天。会上确定了这套普及读物的读者对象是具有中等以上文化程度的广大群众,收书范围是中国历代文史名著,在名著之中选精。所选书目,在原拟89种基础上,调整为116种,以形成系统性。书中选篇之下分提示、原文、今译、注释四部分,以译文为主,书前有一前言,书中加入必要的插图。每一种书约10—15万字。书名确定为《古代文史名著选译丛书》。即由到会的24位学者组成丛书编委会①,由章培恒、马樟根、安平秋三人任主编。于是,编委会立即分成三个工作小组,在会上分头拟出丛书《凡例》、《编写、审稿要求》和《文稿书写格式》,经讨论修改而形成了正式文字以供遵循。在

① 编委会成员按姓氏笔划排列为:

马樟根　平慧善　安平秋　刘烈茂　许嘉璐　李国祥
金开诚　周勋初　宗福邦　段文桂　董治安　倪其心
黄永年　章培恒　曾枣庄(以上为常务编委)
王达津　吕绍纲　刘仁清　刘乾先　李运益　杨金鼎
曹亦冰　常绍温　裴汝诚(以上为编委)

自报的前提下，会上确定了由18个研究所承担前40部书的今译任务，要求当年年底完成。古委会主任、丛书顾问周林同志对编委会的认真精神、紧张工作和显著效率十分赞赏，他说："有这样一个编委会，有这样一个阵容来做选译，使中国历史文化不成为专属于少数人的知识，使能看报纸的人都读懂自己民族的名著，从而树立爱国主义、建设有民族特色的精神文明，其意义之深远将会在今后愈益显露出来。"于是，有1000余万字的大工程便从这里开始了。

当年年底各研究所的今译书稿经作者完成后，由在该所的编委审改，到1987年5月和7月，先后在复旦大学、北京大学两次召开编委审稿会。这种审稿会，说是审稿，实际上是边审边改，字斟句酌，每部书稿必须经一位编委、一位常务编委审改把关，经过这样两道工序，汇总到主编手中，40部书稿通过了25部。其中部分书稿赶印了样稿征求意见。于是周林同志于7月6日在北大临湖轩邀请了在京十几位专家与正在审稿的编委一起研究样稿，探讨如何提高这套今译丛书的质量。

根据编委审稿发现的问题和在京专家们的意

见，从书亟需在已定体例的框架中条列细则；而出版单位巴蜀书社又希望所出版的第一批书为50种以便形成格局，需要布置各研究所承担新的今译任务。这样，1987年10月在华中师范大学再次召开了编委会，又请了詹锳、周振甫、刘乃和、郭预衡等先生到会指导。

这次编委会是在审看了40部书稿后，发现了一大批问题亟待解决，又是在需要布置下一步任务的状况下召开的，是一次承上启下的编委会。会议初期人们的心情和会上的气氛都带有一股子严峻与急切。会议从5日到8日开了三天半。但是在4日晚上开预备会的时候，主编章培恒先生尚未到会，亦无他是否已从上海出发的信息。5日上午就要开会了，主编不到怎么行呢？5日一早，我们还在沉睡之中，忽听有人敲门，进来的竟是章培恒！一向风神儒雅、衣装考究的章培恒先生，此时却是一身尘灰、满脸疲惫地站在我们面前。原来他从上海出发前，未能买到机票或船票，而上海到武汉又没有直达火车，只好先从上海坐火车到长沙，为了不误5日上午开会，他只好买了一张无座票，夜间从长沙出发一直站到武昌。一向走路辨不清方向的章培恒竟然在夜色未退之前一人从车站摸到了华中师大专家楼，也算是奇迹。

这次编委会，从体例的具体要求、书中选篇是否合适、每篇中的提示如何写、注释的繁简和语言的通俗性，到今译的信达雅如何把握，例如李白的“床前明月光，疑是地上霜，举头望明月，低头思故乡”这样通俗的诗是否要翻译，在在都有热烈的争论。感谢编委们的努力和学术判断力，最后终于形成了一个《细则》，一切争论都统一在这个《细则》之上。编委们在思想明确、分得新的任务之后，显出了少有的轻松与喜悦。会议结束正逢中秋节，华中师大的专家楼坐落在武昌桂子山上。入夜，桂子山上举行了赏月茶会，几张方桌，围坐着全体编委和特邀到会专家。天上明月如盘，清辉洒地，眼前桂树葱茏，桂花飘香，华中师大古籍研究所的青年们活跃席间，引得王达津先生即席赋诗，刘乃和先生清唱京戏。这气氛预示着《古代文史名著选译丛书》克服了当前的困难，第一批50种书稿有如母腹中的胎儿，快要降生了。

三、华清池畔的愁云与人民大会堂的欢欣

——第一批书出版的柳暗花明

1988年10月，编委们再一次聚会，审定第一批

50种中的最后十几部书稿、修改第二批50种中的大量书稿。这次审稿是在“东枕华山、西拒咸阳”的骊山脚下、华清池滨的一家招待所。这里古朴而不豪华，食宿低廉却又实惠，审稿之余，左近有风景可观，有古迹可寻，房内有43℃的温汤沐浴，编委们平日在校教学、科研工作劳累而生活清苦，如今有这样的环境与条件，感到少有的惬意。我们作为主编觉得这也是对编委们两年来辛勤编书的一点补偿。但这种适意之感很快就被两件事所驱散。一件事是书稿的质量。几十部书稿交来，一经审看，从注译到体例完全合格的只有寥寥可数的三四部，余下的，或需小改，或需大改，或根本不合格需退回重作。另一件事是出版发行成了问题。到会的巴蜀书社副社长黄葵同志向大家通报了即将印出的16本书征订情况，最多的为2000册，且只有一种，其他的只有800册、600册，甚至还有200余册。征订不佳，销路不畅，出书要赔钱，出版社为难，编委们又无计可施。此时哪还有心思去观赏“骊山云树郁苍苍，历尽周秦与汉唐”？也无心绪登上骊山，在烽火台前怀古。且正值“楼台八月凉”的节令，只有华清池畔秋雨飘零，秋风瑟瑟，落叶满地，不禁愁从中来。

愁则愁，还得面对现实。书稿质量不高，靠到会近20位编委十余天的逐字逐句修改，终于改定合格17部。至于出版发行问题，巴蜀书社的朋友费心经营，重新设计了封面，改进装帧，将第一批50种装成一个大礼品盒，成盒出售。从中又得到了国家新闻出版署、四川省出版局、国家教委有关司局和各省市教委的大力支持与帮助，发行面得以扩大，到了1990年下半年，首印的17000套书销售已尽，而问讯、索购者不绝，出版社决定再印30000套以供读者需要。中央领导了解到这套丛书受到读者欢迎，欣然为丛书题辞，江泽民总书记的题辞是“做好我国古代文史名著的传播普及工作，使其古为今用，以发扬爱国主义精神”，李鹏总理的题辞是“弘扬民族优秀文化，激励爱国主义精神”。李瑞环同志也为丛书题了辞。

1990年8月22日在北京人民大会堂召开了《古代文史名著选译丛书》出版座谈会。国家领导人李铁映、胡乔木、李德生、陈丕显、廖汉生、王汉斌、王光英出席，古委会主任周林同志主持会议，到会各阶层代表在发言中从不同角度肯定了这套书对促进青少年了解历史、了解国情、了解中华民族优秀传统文化、进行爱国主义教育的作用。时值盛夏，却逢喜雨，洗却了编委和出版社同志心中的忧虑，参加大会堂座谈会的13名常务编委会后又聚集在北京大学讨论深入认识编纂这套丛书的重大意义，研究审改好第二批书稿的具体措施。

四、从舜耕山庄耕作到乐山脚下

——第二批书稿审定之艰辛

第二批书稿50种50册，是1987年10月布置的。1988年10月在西安审改合格的17部书稿都已放入第一批中以替换原已通过的第一批中质量较差的书稿。这样，第二批书稿当时余下的已完成的有20余部，却都不合格，只能要求译注者和编委再行修改。一年之后，编委会汇总来重新改好和新译注交来的第二批书稿44部，1989年10月于济南千佛山下的舜耕山庄召开了常务编委审稿会。

这次审稿，发现的问题较多。有的选目不当，如有的史书重要人物的传不选却选入无关紧要而又无学习价值的人物传，有的名家的文章名篇不选却选入既无文学价值又无借鉴意义的篇章。有的选译所依据的底本不当，舍弃现有的精校本却用校勘不善的本子。有的虽有根据地改动正文却只在注释中说“原作……据别本改”，而不指明据何本改。有的注释过繁，不利于一般读者阅读；有的注释极简，该注释的地方不注，使广大读者看了译文仍无法理解全文的精妙；而更多的是注释不准确，对一字一词增字为训而歪曲了原意的毛病也较普遍。译文问题更多，有的语义不清，佶屈聱牙，把“三顾频烦天下计，两朝开济老臣心”译为“三顾茅庐频烦为天下大计，两朝事业开济尽老臣忠心”，有的为追求通俗生动把“君何往”中的“君”译为“老兄”。每篇的提示，有的写得很长变成了文章赏析，有的虽短却不中肯綮，用了类似“文革”期间的语言扣几顶大帽子了事。看这样的稿子都觉头痛，改这样的稿子更感艰难。审稿历时12天，参加审稿、当时63岁的黄永年先生向我们诉苦：“头发掉了一把！”有的编委说，千佛山古称历山，传说舜在这里开垦耕耘，十分艰辛，我们住在舜耕山庄，预示着我们为这套丛书垦荒笔耕，也要历尽千辛。这次审稿，经过审改之后，有10部书稿合格，有11部需会后再作小的修改方能通过，余下的均需作大的改动或另请人译注。

这次审稿还研究了所选戏曲部分的曲辞如何今译问题，如规定了念白中出现的诗句只注不译，上、下场诗只注不译，注而不译的文字在译文中应予保留以便参读。

到1990年12月，丛书常务编委在广州研究丛书如何体现批判继承精神、如何提高第二批书稿质量时，又有18部书稿完成交来。为了保证书稿质量，使1991年上半年召开的常务编委审稿会得以顺利进行，我们三个主编从广州匆匆赶到北京，用了一周时间审看了这18部书稿，通过了7部，1l部退改。当我们看完最后一部书稿碰头研究时，已是12月31日。在1990年一年内，我们仅仅通过了这7部书稿。加上1989年在舜耕山庄通过的10部，也仅有17部，尚差33部方足第二批的50部。

1991年5月，常务编委来到古称嘉州的乐山市，在乐山山腰的八仙洞宾馆继续审改第二批书稿。改稿时间只有十天，要力争将50部推出，其繁重可知。我们在改稿过程中，不禁想到明万历年间嘉州知州袁子让的诗句“登临始觉浮生苦”，想到这套丛书从起步到这次审改已历时5年，当初怎么也没有想到完成这套丛书会是如此的艰辛，真是登临始觉笔耕苦啊！

这次乐山审稿，通过了13部书稿。好在余下的20部书稿只须小改即可在会后交稿，终于在1991年8月将这20部书稿全部改定交巴蜀书社。第二批50部历时近四年终于定稿了。

五、在金陵古都作光辉的一结

——第三批书稿的完成

1990年12月据出版社的要求，这套丛书出齐当为150种，到乐山会上又修正为110种至125种，最后数字的确定根据最后一次审稿结果而定，合格的即入选，不合格的不再修改选入。根据这一共识，今年4月中旬，我们一部分常务编委聚集到六朝古都南京，从已经交来的35部书稿中选择经小改合格的书稿。经过十一天的劳作，选择、改定33部，由到会的常务编委、巴蜀书社的段文桂总编和编委、巴蜀书社的刘仁清副编审带回成都，将经由他们的继续辛苦而使《古代文史名著选译丛书》以133部、1500万字之数呈献给热爱中华文化的读者。

这套丛书从1986年5月起步，历时整整六年，平日繁细工作不计，仅编委大小审稿会就开了12次之多。丛书的发起人、顾问、古委会主任周林同志先后参加了8次审稿会,每次都自始至终和大家在一起,听取审稿情况,了解遇到的问题;当我们遇到困难的时候他为我们鼓劲,当我们感到欣喜的时候他提醒我们不可大意。这次他又和我们一起来到虎踞龙蟠的石头城下,为我们督阵,看我们能否为这套丛书作出光辉的一结。

此时此刻,我们与这次会议的东道主、丛书常务编委、南京大学的周勋初先生漫步在中山陵旁,想到今译丛书已基本完成,自然感到如释重负,但理智却使我们不敢轻松,我们期待着全书133部出齐之后专家、读者的评头品足。

1992年4月26日

(原载《中国典籍与文化》1992年第1期)

古代文史名著选译丛书(修订版)总目

丛书主编:章培恒　安平秋　马樟根

书　名	译注者	审阅者	定价/元
老子注译	张玉春　金国泰	安平秋	16.00
庄子选译	马美信	章培恒	18.00
荀子选译	雪　克　王云路	董治安　许嘉璐	19.00
申鉴中论选译	张　涛　傅根清	董治安	18.00
颜氏家训选译	黄永年	许嘉璐	15.00
论语注译	孙钦善	宗福邦	28.00
孟子选译	刘聿鑫　刘晓东	黄　葵	20.00
墨子选译	刘继华	董治安	14.00
韩非子选译	刘乾先　张在义	黄　葵	19.00
新序说苑选译	曹亦冰	倪其心	25.00
论衡选译	黄中业　陈恩林	许嘉璐	22.00
管子选译	缪文远　缪　伟	董治安	18.00
列子选译	王丽萍	周勋初　倪其心	19.00
韩诗外传选译	杜泽逊　庄大钧	董治安	24.00
盐铁论选译	孙香兰　刘光胜	黄永年	13.00
诗经选译	程俊英　蒋见元	刘仁清	19.00
楚辞选译	徐建华　金舒年	金开诚	15.00
贾谊文选译	徐　超　王洲明	安平秋	17.00
司马相如文选译	费振刚　仇仲谦	安平秋	11.00
文心雕龙选译	周振甫	黄永年	17.00
庾信诗文选译	许逸民	安平秋	18.00

书　名	译注者		审阅者		定价/元
嵇康诗文选译	武秀成		倪其心		18.00
谢灵运鲍照诗选译	刘心明		周勋初		18.00
陈子昂诗文选译	王　岚		周勋初	倪其心	14.00
李白诗选译	詹　锳	等	章培恒		22.00
高适岑参诗选译	谢楚发		黄永年		23.00
元稹白居易诗选译	吴大逵	马秀娟	宗福邦		21.00
柳宗元诗文选译	王松龄	杨立扬	周勋初		18.00
李贺诗选译	冯浩菲	徐传武	刘仁清		20.00
杜牧诗文选译	吴　鸥		黄永年		14.00
李商隐诗选译	陈永正		倪其心		19.00
唐五代词选译	亦　冬		董治安		16.00
唐文粹选译	张宏生		周勋初		18.00
晚唐小品文选译	顾歆艺		平慧善		15.00
黄庭坚诗文选译	朱安群	等	倪其心		18.00
辛弃疾词选译	杨　忠		刘烈茂		24.00
元好问诗选译	郑力民		宗福邦		20.00
宋四家词选译	王晓波		倪其心		16.00
黄宗羲诗文选译	平慧善	卢敦基	马樟根		15.00
吴伟业诗选译	黄永年	马雪芹	安平秋		20.00
方苞姚鼐文选译	杨荣祥		安平秋		20.00
明代散文选译	田南池		马樟根		22.00
顾炎武诗文选译	李永祜	郭成韬	刘烈茂		23.00
张衡诗文选译	张在义 韩格平	张玉春	刘仁清		16.00
汉诗选译	张永鑫	刘桂秋	金开诚		19.00

书名	译注者		审阅者		定价/元
阮籍诗文选译	倪其心		刘仁清		15.00
三曹诗选译	殷义祥		刘仁清		22.00
诸葛亮文选译	袁钟仁		董治安		16.00
陶渊明诗文选译	谢先俊	王勋敏	平慧善		16.00
杜甫诗选译	倪其心	吴　鸥	黄永年		17.00
王维诗选译	邓安生	等	倪其心		20.00
刘禹锡诗文选译	梁守中		倪其心		20.00
孟浩然诗选译	邓安生	孙佩君	马樟根		18.00
韩愈诗文选译	黄永年		李国祥		20.00
欧阳修诗文选译	林冠群	周济夫	曾枣庄		20.00
曾巩诗文选译	祝尚书		曾枣庄		19.00
苏轼诗文选译	曾枣庄	曾　弢	章培恒		23.00
李清照诗文词选译	平慧善		马樟根		15.00
陆游诗词选译	张永鑫	刘桂秋	黄　葵		24.00
朱熹诗文选译	黄　珅		曾枣庄		20.00
文天祥诗文选译	邓碧清		曾枣庄		20.00
袁枚诗文选译	李灵年	李泽平	倪其心		20.00
王安石诗文选译	马秀娟		刘烈茂	宗福邦	18.00
二程文选译	郭　齐		曾枣庄		25.00
范成大杨万里诗词选译	朱德才	杨　燕	董治安		26.00
萨都剌诗词选译	龙德寿		曾枣庄		28.00
王阳明诗文选译	吴　格		章培恒		18.00
徐渭诗文选译	傅　杰		许嘉璐	刘仁清	17.00
李贽文选译	陈蔚松	顾志华	李国祥	曾枣庄	17.00

书　名	译注者		审阅者	定价/元
三袁诗文选译	任巧珍		董治安	17.00
王士禛诗选译	王小舒	陈广澧	黄永年	13.00
龚自珍诗文选译	朱邦蔚	关道雄	周勋初	13.00
尚书选译	李国祥 谢贵安	刘韶军 庞子朝	宗福邦	14.00
礼记选译	朱正义	林开甲	宗福邦	22.00
左传选译	陈世铙		董治安	22.00
国语选译	高振铎	刘乾先	黄　葵	22.00
战国策选译	任　重	霍旭东	李国祥	21.00
吕氏春秋选译	刘文忠		董治安	17.00
吴越春秋选译	郁　默		倪其心	19.00
史记选译	李国祥 张三夕	李长弓	安平秋	29.00
汉书选译	张世俊	任巧珍	李国祥	22.00
后汉书选译	李国祥 彭益林	杨　昶	许嘉璐	24.00
三国志选译	刘　琳		黄　葵	18.00
晋书选译	杜宝元		许嘉璐	15.00
宋书选译	漆泽邦	孔　毅	李国祥	19.00
南齐书选译	徐克谦		周勋初	18.00
北齐书选译	黄永年		安平秋	16.00
梁书选译	于　白		周勋初	17.00
陈书选译	赵　益		周勋初	17.00
南史选译	漆泽邦		安平秋	22.00
北史选译	刁忠民		段文桂	20.00

书　名	译注者	审阅者	定价/元
周书选译	黄永年	安平秋	15.00
魏书选译	杨世文　郑　晔	周勋初	22.00
隋书选译	武秀成　赵　益	周勋初	20.00
新唐书选译	雷巧玲　李成甲	黄永年	16.00
旧唐书选译	黄永年	章培恒	16.00
新五代史选译	李国祥　王玉德　姚伟钧	周勋初	18.00
旧五代史选译	贾二强	黄永年	17.00
宋史选译	淮　沛　汤　墨	曾枣庄	20.00
辽史选译	郭　齐　吴洪泽	曾枣庄	21.00
金史选译	杨世文　祝尚书　李文泽　王晓波	曾枣庄	21.00
元史选译	樊善国　徐　梓	马樟根	25.00
明史选译	杨　昶	李国祥	20.00
清史稿选译	黄　毅	章培恒	22.00
贞观政要选译	裴汝诚　王义耀	黄永年	18.00
史通选译	侯昌吉　钱安琪	周勋初	16.00
资治通鉴选译	李　庆	黄永年	16.00
续资治通鉴选译	徐光烈	安平秋	24.00
通鉴纪事本末选译	谈蓓芳	章培恒	21.00
洛阳伽蓝记选译	韩结根	章培恒	22.00
梦溪笔谈选译	李文泽	曾枣庄	20.00
徐霞客游记选译	周晓薇　等	黄永年　马樟根	17.00
宋代笔记小说选译	朱瑞熙　程君健	金开诚等	19.00
关汉卿杂剧选译	黄仕忠	刘烈茂	24.00

书　名	译注者	审阅者	定价/元
明代文言短篇小说选译	黄　敏	章培恒	23.00
六朝志怪小说选译	肖海波　罗少卿	刘仁清	21.00
世说新语选译	柳士镇　钱南秀	周勋初	23.00
水经注选译	赵望秦　段塔丽　张艳云	许嘉璐	19.00
唐人传奇选译	周　晨	曾枣庄	24.00
唐五代笔记小说选译	严　杰	周勋初	21.00
大慈恩寺三藏法师传选译	贾二强	黄永年	18.00
宋代传奇选译	姚　松	周勋初	22.00
聊斋志异选译	刘烈茂　欧阳世昌	章培恒	22.00
阅微草堂笔记选译	黄国声	安平秋	16.00
清代文言小说选译	王火青	周勋初	23.00
历代名画记图画见闻志选译	周晓薇　赵望秦	黄永年	17.00
容斋随笔选译	罗积勇	宗福邦	20.00
唐才子传选译	张　萍　陆三强	黄永年	24.00
西厢记选译	王立言	董治安	20.00
元代散曲选译	彭久安	刘烈茂　金开诚	21.00
日知录选译	张艳云　段塔丽	黄永年	22.00
桃花扇选译	张文澍	章培恒　段文桂	15.00
牡丹亭选译	卓连营	章培恒	14.00
长生殿选译	戚海燕	董治安	20.00